我的夢想清單 01

追夢到秘魯

探索失落文明 尋覓古都風華

安啦媽、Nuna、毛怪、Davis Su、林惠予／合著

序一　解鎖你的秘魯夢想清單

有些為了蒐集世界百國地圖的旅人，足跡遍及全球，對他們來說，中南美洲往往成為最後剩下的幾塊拼圖。前往中南美洲旅行的首要挑戰絕對是「飛行時間」，從臺灣出發沒有直飛班機，單趟飛行時間就相當於飛一趟歐洲來回的時間；此外，中南美洲旅遊的預算門檻也高。

過去常有客人跟我說，希望安排南美四國、五國行程，這種多國行程雖然對傳統旅行社來說司空見慣（像是一趟旅程三十天起跳，若再加上中美洲，一次八國可能將近五十天），不過這種旅遊方式讓我難以理解：如果是輕鬆的旅程，每一個點都可停留數晚，更換飯店頻率低一些，或許這麼長一趟旅遊可以達到身心靈放鬆，充電的效果。但中南美洲實在太大了，早出晚歸、滿滿的行程幾乎是團體旅遊的共同特色，考驗著旅客的體力。單單傳統的ＡＢＣ三國（阿根廷、巴西、智利），國土面積加總是臺灣的三百三十倍……需要多少天才合適呢？

近期，我發現有些業者甚至用不到三週的時間，就可以把這些多國行程串接起來，每一個地方蜻蜓點水；然而，對於一生可能只會去一次的地方，就這樣隨意帶過，實在過於可惜。我想告訴大家的是，中南美洲有三十三個獨立國家，絕對無法貪心地一次玩遍，過去旅行社常推廣「一生必去一次中南美」的口號，實在是誤導旅客，蒐集世界國家地圖不應成為旅行的首要目標，反而擴張視野、追求內心的感動，更值得追求。這些感動可能來自於自然景觀、人文古蹟名勝，更可能是文化內涵所帶來的衝擊。

秘魯是大家最嚮往的中南美洲國家，有著豐富的旅遊資源。我們希望這本遊記書藉由這群逐夢旅人的實際體驗，透過文字與照片，告訴您秘魯能帶來甚麼樣的感動，對於同樣想去秘魯圓夢的讀者起到鼓勵的作用。納斯卡線、庫斯科、的的喀喀湖、彩虹山及聞名世界的馬丘比丘，都是去一趟秘魯絕對不能錯過的。秘魯的旅遊路線所跨的區域實在太大，從海平面到海拔五千多公尺，旅人除了要有好體力，也需要克服高海拔。然而，年齡未必是限制。有位女兒帶著高齡八十二歲的老父親到秘魯參加太陽祭，原本有一點小擔心，卻發現老父親從頭到尾健步如飛，高海拔對他完全沒有影響——這告訴我們，現代人不能再用年紀來衡量身體狀況。這對父女返國後揪了祖孫三代，又報名了南極的行程，繼續解鎖下一個人生夢想。

秘魯太陽祭的行程榮獲「２０２３年第十一屆國際金旅獎」，此獎項有「旅遊業的奧斯卡」之美稱，非常感謝品保協會的肯定；不過我認為，消費者的支持對我們而言同樣重要，每次聽到消費者的正面回饋，也都讓我有得獎的喜悅！《追夢到秘魯》，是元本旅遊首波出版的兩本遊記書之一（另一本是《追夢到古巴》），本書共有五位共同作者，都是來自二〇二三年六月秘魯太陽祭的團員，是一本具有「人的溫度」的遊記書，希望大家會喜歡。

元本旅遊創辦人／董事長

目次 CONTENTS

PERÚ
秘魯

秘魯
古印加文化的搖籃

DEL PERÚ

秘魯 全名為「秘魯共和國」，位於南美洲西部，首都為「利馬」（Lima），這裡曾孕育了最早人類文明之一的小北文明。

秘魯文化主要源自印第安和西班牙的傳統，但同時也受非洲、亞洲與歐洲族群的影響；秘魯的菜餚也因此混合了印第安和西班牙的特色，而多樣化的氣候，則孕育了豐富的物種，提供了各式各樣的烹飪食材。

小北文明 Civilización Norte Chico / Civilización Caral

又稱為「小北地區文明」或「卡勞爾文明」，位於秘魯中北部海岸線，是美洲大陸上已知的最古老文明。根據考古調查資料顯示，小北文明並沒有製作出任何陶器或藝術品，但在興盛的一千多年期間，出現了大量高聳的簡單建築物；除此之外，考古人員也發現了紡織技術和宗教存在的證據。

國　　名｜秘魯共和國
República del Perú（西班牙語）
Piruw Republika（奇楚瓦語）
Piruw Suyu（艾馬拉語）
官方語言｜西班牙語、克丘亞語、艾馬拉語
首　　都｜利馬
土地面積｜1,285,216 平方公里
人　　口｜32,868,000（2019 年統計資料）

REPÚBLICA

行程跟我走　…

玩美南人 Eric・
苗啟誠

阿根廷華裔，精通西班牙文，以及中南美洲地理、歷史、文化，擁有近二十年中南美洲旅遊從業資歷。

二〇一一年來臺定居，在旅行社創立中南美洲團隊，並設計出多個成功受市場關注的獨家創新行程；也是知名達人領隊、部落客、作家、旅遊講師，期間成功帶起國內中南美旅遊風潮。

二〇二二年創立「元本旅遊」，疫情後持續親自設計行程、親自帶團，並以推廣中南美旅遊為使命。

○ 利馬 Lima

利馬為秘魯的首都，且有著「王者之城」的稱號。利馬直到十八世紀中葉為止，一直都是西班牙統治南美殖民地的重要據點。利馬擁有相當迷人的海灘，以及許多富有西班牙殖民色彩的建築，並於一九八八年被選入世界遺產。

○ 庫斯科 Cusco

古印加帝國時期的首都，是全世界最高的城市之一，也是目前有人居住的南美洲城市中最古老的。庫斯科城內及周圍存在大量古蹟和遺址，因此有「南美羅馬」的美譽，並於一九八三年被聯合國教科文組織（United Nations Educational, Scientific and Cultural Organization，簡稱 UNESCO）選為世界遺產。

○ 秘魯印加太陽祭 Inti Raymi

秘魯印加太陽祭是秘魯極具代表性的傳統節慶，於每年的六月二十四日舉辦，這天是太陽距離地球最遠、日照時期最短的一天。慶典當天一早，古印加人便會從首都庫斯科的太陽神殿出發，領著眾人在城中心遊行獻示。當隊伍抵達利馬的武器廣場（Plaza de Armas，也稱 Plaza Mayor）後，皇帝和皇后會誠心宣讀祈禱祭文，最後再到沙塞瓦曼古堡（Sacsayhuamán）進行最重要的獻祭儀式。

太陽祭自一九四四年開始舉辦，七十六年來未曾間斷，但可惜二〇二〇年受新冠疫情影響，活動只能被迫取消；後疫情趨於平緩，才終於又能親眼見證太陽祭的盛況。

馬丘比丘 *Machu Picchu*

「Machu Picchu」在印加語中為「古老山頭」之意，其聖潔、神祕且虔誠的氛圍廣受世人讚嘆。馬丘比丘是一座建於十五世紀的印加帝國城市遺跡，位於秘魯南部。於一九八三年被聯合國教科文組織列入自然及文化雙重遺產，更於二〇〇七年位列全球七大奇觀。

納斯卡線 *Líneas de Nazca*

沉睡在高原荒漠中的納斯卡線，是西元四百年至六百五十年間由納斯卡文明在沙漠地面上所繪製出的畫作；在一九三九年被美國考古學家發現，而其構圖方式、繪畫技術、繪畫目的等真相仍未解密，留給世人無限的想像；學者們則對這些圖像有著各種不同的解釋，但大部分皆認為具有其宗教意義。此珍寶於一九九四年列入聯合國教科文組織的世界遺產。

馬拉斯山谷鹽田 *Maras*

在一座名為「馬拉斯」的小鎮上有自印加時代流傳下來的大面積鹽田，也是秘魯不可錯過的景點之一。被譽為「天神之淚」的粉紅鹽，最初由於流經山中的礦鹽區，古印加人遂沿著山谷開發成鹽田，爾後更成為印加文明蓬勃一時的主因；同時為現今秘魯家喻戶曉的國民鹽，不僅作為特殊調味料，更是頂級餐廳指定鹽品，是遊客絕對不可錯過的最佳伴手禮。

莫瑞圓形梯田 Moray

莫瑞圓形梯田和我們平時所見的梯田非常不一樣，普通的梯田都是沿著山坡建造，如階梯般一層一層地自山腳延伸至山頂；而莫瑞梯田則是由三個獨立的完美圓形所組成，並且建於山谷之中。莫瑞梯田被視為古印加帝國實驗農場，依靠著精準計算後的數值，隨著不同高度的階梯模擬多樣的氣候，並種植適合的蔬菜、水果，對於古帝國農業的發展有著巨大的貢獻。

彩虹山 Vinicunca

彩虹山是秘魯安地斯山脈（Cordillera de los Andes）的其中一座山，海拔高度有五千兩百公尺。陳年冰封在積雪下的彩虹山山脈，蘊藏著豐富的礦物沉積岩，在經過雪融後的空氣氧化，岩石便產生帶狀且繽紛的色彩。

的的喀喀湖 Lago Titicaca

此為全世界最高的淡水湖，也是世界上海拔最高且大船可通航的高山湖泊。湖面上的人工島嶼居住著古老的民族後裔，其中最大的的的喀喀島（Isla des Sol，又稱為「太陽島」）上有著印加時代的神廟遺址。

DEL PERÚ

帕拉卡斯與鳥島 Paracas and Islas Ballestas

位於南太平洋海濱的加拉巴哥群島，島上除了棲息上百隻的海鳥外，海獅、海豹、海豚和麥哲倫企鵝等動物也同時居住在這片保護區，相當於一座天然海洋館。

瓦卡奇納 Huacachina

位於秘魯西南部的伊卡（Ica）的瓦卡奇納有著「南美洲最美綠洲」之稱，隱身在荒蕪的沙漠中，以一池天然湖水為中心，樹木、建築倚著碧綠的湖畔；在綿密的白沙中體驗滑沙及沙丘越野車等戶外運動，好不愜意。

皮薩科市集 Mercado Pisac

造訪熙來攘往、充滿鮮豔色彩的皮薩科傳統市集，欣賞當地印地安人多彩多姿的秘魯手工藝品、羊駝玩偶和珠寶首飾，來一場熱鬧又豐富的印加人文體驗。

REPÚBLICA

一趟打破框架、追尋自我的旅程

安啦媽

在美從事金融業二十年，過去是家庭、事業兩頭燒的職業婦女，陪伴孩子成長是我最大的階段性任務，如今目標達成，對於即將邁入空巢的退休日子充滿著期盼，終於有時間與能力完成人生的夢想清單。熱愛旅遊、烹飪和手作鉤針娃娃。因為與旅伴好友同屬虎，所以江湖人稱兩隻老虎，期許咱們在旅遊的路上能跑得快，跑得遠，跑得多姿多彩！

人活著就要打破框框，
世界很大、人很渺小，
抱著樂觀的心態面對每一天，
千萬不要讓恐懼局限、我們的腳步。

南美對我而言一直是個遙不可及的夢，語言不通是其一，遠得要命是其二，未知的高山反應是其三。網路能找到的中、英文資訊更是寥寥可數，老覺得去那種地方，很有可能一不小心就會被抓去賣了。

十年前，公司老美同事走完印加古道，回來和大家分享他的經歷和照片，這是我第一次對馬丘比丘心生嚮往，第一次感覺這個神祕的地方並不是如此遙遠，我的人生清單地圖上至此之後就多了一面旗子！

壯闊的馬丘比丘，猶如一個仰望天空的印加老人。

起心動念的南美之旅

從去年就開始準備我的空巢生活，反覆思考了許多，過去的人生不是為了完成父母的期望，就是被工作和養育孩子、照顧家庭的責任壓得喘不過氣，好不容易一切都畫下了句點，是時候要好好地探索自己的內心了。我能想到的第一步就是跳脫舒適圈，慢慢開始嘗試一些一直想做、卻沒有勇氣挑戰的事情。譬如說一個人的旅行、內觀靜坐十日禪、去看看每一個我在google map上插了旗子的地方。

上一次跟團是二〇一四年受大學好友之邀，一起去土耳其，那一次的旅遊帶給我非常多美好的回憶。也是我第一次發現，有些地方跟著旅行團一起行動，不但可以避開許多不必要的風險，也能有更深度的體驗；加上去年剛好身邊有幾個朋友去秘魯玩，回來都有不錯的反饋，我也因此興起了去南美旅遊的念頭。這份渴望日益強烈，最後找到元本旅遊的「秘魯太陽祭十四日」，而且可以在洛杉磯轉機時加入，對於住在芝加哥的我而言超級方便！在比較過行程安排與價格之後，我們家大老虎也很阿莎力地表示願意與我同行，不到一週我們就敲定了！

然而萬萬沒想到，才剛收到成團通知，十二月的秘魯就發生了政變。暴民炸斷了通往馬丘比丘的火車鐵軌，導致一堆遊客困在熱水鎮（Aguas Calientes）無法出山；美國和臺灣政府雙雙調升秘魯旅遊警戒，所有秘魯團通通取消。還好老天保佑，一切都在出團前平息，雖然前期一波三折，但總算順利出行。

極具復古特色的郵局，相當美麗。

揭開雨霧的面紗

一般人常常誤以為印加王國建立在西元前，因為他們的一切都是如此地神祕、如此地古老。其實不然，他們最輝煌的時期就只有短短一百年（1438-1533），而且當時歐洲大陸已然歷經了文藝復興、進入科技文化的頂峰時期。印加人活在一個彷彿與世隔絕的南美安地斯山脈（Cordillera de los Andes），依照自己的速度發展他們的文明，靠著農耕、武力和外交談判擴展疆土。當西班牙人敲開他們的大門時，天地一夕之間崩塌。

其實當初西班牙的皮薩羅將軍（Francisco Pizarro, 1471-1541）只帶了一百六十八人、一管大砲和二十七匹馬，如此懸殊的實力，竟然能打敗地主國大軍，只能說運氣真的太好了。一是因為西班牙人帶來了歐洲大陸的傳染病（例如：天花、梅毒），從未接觸過這種病毒的美

洲人完全沒有抗體，以致有很多人死於疫病；二是因為印加王國剛剛結束兄弟內戰，國力耗損不少；三是因為西班牙人長得跟印加古老神話中敘述的神明很像，又騎著美洲人沒見過的動物——馬，所以很多老百姓把他們當作天神降臨。綜合以上原因，就這樣歪打正著且不費吹灰之力地殲滅了這個勇猛善戰的帝國。

洛杉磯紅眼班機飛了八小時後終於抵達秘魯首都利馬，對這

①｜②｜③

①②：利馬老城區的主廣場，四周被總統府、利馬大教堂、聖法蘭斯大教堂包圍。

③　：秘魯總統府。

個城市第一印象是：天空和城市看起來都灰灰髒髒的，感覺時時刻刻都會下雨。

事實上，利馬卻是個名副其實的無雨之城。這片看起來霧茫茫的天空，則是由大西洋寒流所帶來的濃溼霧（Garúa）所導致，讓太陽和地面之間隔著一層濃厚的雲層。這個狀況在冬天時尤其嚴重，利馬永遠濃霧籠罩，但無論如何就是不下雨；但另一方面，濃溼霧為秘魯西海岸的沙漠地區帶來溼氣，有利於當地的植被生長。利馬整年平均日照時間比倫敦還要短，可說它才是真正的霧都。冷暖適中的氣溫其實頗為舒適愜意，只是作為觀光客，難得看見異國的海岸線，卻完全見不到藍天白雲，心情實在一點也不美麗。

秘魯的人口分布相當不均，有三分之一的人全都擠在利馬，該有的國際大品牌這兒都找得到，沙漠氣候的城市居然還有個高爾夫球場座落其中，看來這裡的有錢人也不少。利馬的首都地位，奠基於殖民時期，作為西班牙將資源運輸回國的吞吐口，其重要性絕對大於深山裡的庫斯科。而在掠奪之餘，傳教是殖民的首要任務，因此，這裡有著許多大小各異的教堂。

聖法蘭西斯教堂修道院（Basilica and Convent of San Francisco）。

神聖的失落之城

我們先在奧揚泰坦博住了兩晚，落腳處距離火車站走路只要十分鐘。之後坐了九十分鐘的火車抵達熱水鎮，再從熱水鎮搭半個小時的公車進入馬丘比丘。當地政府對於入場的規劃相當不錯，門票實名制，並且要核對護照，如此便能抑制黃牛；每天還有人數和入園時間的限制，以避免古蹟遭破壞，雖然火車票和門票都不便宜，但想到維持這些古蹟所需耗費的財力與人力，就覺得物有所值。

作為此次旅行的主要目的地，我抱著一種崇敬與憧憬的心情踏入馬丘比丘園區，等終於上氣不接下氣地爬上頂端，映入眼簾的震撼絕非筆墨所能形容。浮現腦海的第一個念頭是：「啊……我居然站在這裡了！」每每

熱水鎮：馬丘比丘入山前的小鎮。

聽朋友提起初見這座「失落之城」時的喜悅神情，總是讓我心馳神往；到底是個怎麼樣的地方，居然有這種神奇的力量，讓人願意如此辛苦地跋山涉水，只求見其廬山真面目呢？在登上馬丘比丘的這一剎那，我終於能理解朋友們所說的那種感動，是遠遠超出觀賞影片或照片時所能感受到的。

印加人是如何建造這座令人嘆為觀止的馬丘比丘呢？由於印加人沒有文字，只有結繩記事，

治療高山症的特效藥就是「血拚」！

故至今尚有許許多多無人能解的謎題。馬丘比丘有如一個仰望天空的印加老人，默默佇立在這兒守護了幾百年，始終與世隔絕；在沒有鐵器工具、沒有輪子搬運的情況下，蓋出到現在都還能使用的先進農業灌溉系統，甚至石頭房屋的地基在經歷多次地震後仍舊屹立不搖，實在是太神奇了！

高山症

說到馬丘比丘，就不免俗地要提一下高山症。高山症不是病，只是你的身體對於突然從人間升級到天堂時，由於高海拔的氧氣濃度過低而產生的不適症狀。解決之道就是在登山二十四小時前服用藥物，並在抵達高海拔地區時，放慢一切動作，慢慢爬升高度、慢慢走路、慢慢講話、不要喝酒（這點是最痛苦的）……但是唯一例外的情況就是購物！我看大家搶羊駝娃娃時的速度之快，不論什麼症狀都直接不藥而癒了。果然血拼是治療萬物的解藥！

印加帝國的智慧結晶

離開奧揚泰坦博（Ollantaytambo）之後，我們緩慢地向三千六百公尺高的庫斯科移動，途中經過了由烏魯班巴河（Río Urubamba）所孕育的聖谷（Valle Sagrado de los Incas），山谷中黃澄澄、綠油油的一片，很是美麗。這片肥沃的土地是印加帝國的穀倉，也是帝國得以向外擴展如此迅速的根本命脈。

聖谷的莫瑞（Moray）圓形梯田和馬拉斯（Maras）古鹽田不僅是熱門觀光景點，同時也是當地居民的主要經濟來源。

右：聖谷。安地斯山脈沿著烏魯邦巴河的河谷，土壤肥沃，光是馬鈴薯就有上千種，是古印加王國的穀倉。
左：烏魯邦巴河上的這個橋過去就是四天三夜印加古道的入口。

從聖谷一直沿著烏魯邦巴河，就能到達馬丘比丘的印加古道。

據說，莫瑞梯田是印加帝國的實驗農場，利用高度差創造出多樣氣候，可以實驗不同蔬果在不同環境中的成長效果。印加人的水利灌溉工程非常先進，這幾天走下來，從馬丘比丘到郊外山間不知名的地方皆可見，幾百年前的遺跡如今仍在，想見當初印加帝國能快速擴展，發達的農業技術功不可沒，他們利用梯田來攔截安地斯山脈快速流下的水源，進而生長穀物，養活千千萬萬的人民，人民吃飽了，才有餘力向外征戰、擴充領地；可惜短短一百多年的豐功偉業，給半路殺出來的西班牙人毀於一旦，只能說生不逢辰啊！

我們也拜訪了超級美麗的「人工」鹽田，據說這遠在印加時期之前就有了，至今已有超過五百年的歷史，

莫瑞圓形梯田。古時候為印加帝國的實驗農場，據說這樣的設計是透過精密計算，最上層和最下層溫差可達攝氏十五度，有助於研究不同種類的農作物。

後來印加人把它擴展得更大，現在有數千個小鹽池，全部都是私有的。這裡的泉水是鹹水，滲到地表、經過陽光蒸發水分後就產生了鹽的結晶，鹽農把水引到池子裡，晒乾後將鹽一包包裝好運出去販售。據說每個鹽池每個月可以產出約三百三十磅的鹽。這裡的景色讓我想到土耳其的棉堡（Pamukkale），但是形成的原因完全不同，人家的白是石灰岩（碳酸鹽），此岩非彼鹽啊！

馬拉斯人工鹽田上的
老太太很可愛，還特
地抬頭跟我打招呼！

我在南美天氣晴
——豔陽高照的太陽祭

太陽祭是南美洲僅次於巴西狂歡節（Carnaval do Brasil）的熱鬧慶典，門票價錢跟 BLACKPINK 的演唱會一樣貴，所以只有外國人買得起，本地人就只能貪黑起早在後面山頭占免費的位子。

太陽祭起源於印加人信奉太陽神，每年到了南半球日照最短的一天，就會舉行慶典以召喚太陽神回歸。印加傳統是在每年的六月二十一日舉辦，但是十六世紀時，印加王國被西班牙殲滅，這個祭典因而被取消；直到一九四四年，政府為了發揚傳統才將其恢復。但此時的秘魯已是天主教國家，而六月二十四日恰巧是天主教的大節——聖約翰日（Saint John the Baptist Day），他們便乾脆將兩個節日結合，就變成了我們今天看到的太陽祭典。

祭典前碰上表演的酋長們。

歷年太陽祭當天都是豔陽高照的好日子，今年當然也不例外；我們在太陽底下整整晒了四個小時，看了一場仿古的歌舞表演，對白全部都是講印加古語（Quechua），司儀再有一句沒一句地用西語或英文翻譯，我們全程猶如鴨子聽雷。這場盛典集結了全國各地將近一千人參與表演，場面之壯觀，很是震撼人心。大概

太陽祭是大慶典，全國各地上千人來共襄盛會，順便把家鄉的手工藝拿來賣，賺回家的旅費。

內容就是印加王和王后帥氣地被簇擁出場，然後印加王——也就是太陽王——聽取東西南北各地行政長官的政績報告；如果印加王有所不滿，等於惹怒了太陽神，就必須用各種傳統儀式來討太陽王開心。例如：各個地區善男信女帶來的歌舞表演、用紫玉米酒

熱鬧太陽祭結束後寧靜的主廣場。

（chicha，又稱「奇洽酒」或「吉開酒」）祭天地、殺駱馬取其心祭祀（他們真的抬了一隻活生生的駱馬上台），還有燒一鍋不知名的草藥木材趨吉避凶等等。最後印加王很開心，和王后在全場民眾的歡呼簇擁下緩緩退場。

山水美好，人心亦是

色彩繽紛的彩虹山。

這十四天的行程可說是「上山下海」也不為過。其中一天，我們來到距離庫斯科約三小時車程的「Vinicunca」（彩虹山），這在印加語裡是「彩虹山巒」（colored mountain）的意思，而山頭上那奇幻又豐富的色彩是由十四種礦物質所組成的。以前白雪覆蓋，實在難以看見被雪掩埋的美麗山頭，近年來因為全球暖化，造成雪水消融，才變成越來越受歡迎的景點。

第一次來到超過海拔五千公尺以上的地方！

我們大清早四點就起床，迷迷糊糊地在車上繼續昏睡，然後下車吃早餐。八點多到了彩虹山下的停車場時，發現居然已經有很多人比我們還要早抵達，甚至連馬都被租光了！不過我們的秘魯導遊 Raúl 很給力，一路上幫我們攔截了不少馬匹。我起初想靠自己的雙腿，但是又怕走得太慢，上去之後會沒時間拍照，最後也決定加入騎馬的行列；沒想到我那匹馬冥頑不靈，馬伕不停地在他耳邊講悄悄話，馬兒好像也不怎麼理會他，依然我行我素，愛停就停、想跑才跑，根本拿牠沒辦法。我看著纖細的馬韁和無可奈何的馬伕，旁邊就是懸崖，嚇得我一路狂呼，雙手死命扣緊馬鞍，深怕一不小心就摔進萬劫不復的深淵。

好不容易到達目的地，發現上面還有長長的石階在等著我，當下各種語言的髒話不由自主地要奪門而出！雖然總長不到四公里，騎馬也已經走了超過一半的距離，但由於高海拔缺氧，登高很是辛苦，停停走走再吸兩口氧氣，短短的路程好似走了好幾天，最後終於上氣不接下氣到達了山頂，看到眼前這片壯闊的景色，頃刻間覺得一切辛苦都值得了。一邊是白雪皚皚的山頭，一邊是五彩繽紛的彩虹山稜線，這大概是我看過最美的「環景圖」了，美景配氧氣瓶，果然是非常特殊的體驗啊！只是回程中，我打死也不願意再相信動物了，靠山山倒，靠馬馬跑，還是靠自己的雙腿最實在。

奔向彩虹山超美、超壯觀的崎嶇山路，氧氣瓶
＋暈車藥＋高山症藥為秘魯行必備三寶！

沿途的景色挺美的，慢慢走也
有慢慢走的好處，能夠更細細
品味沿途的風景。

右：島主跟我們介紹蘆葦島是如何建造的，還開玩笑說，要是離婚就可以直接把島鋸開，非常方便！
左：烏魯族的傳統船隻。

從庫斯科拉車九個小時則會抵達湖濱城市普諾（Puno），的的喀喀湖是全世界海拔最高的淡水湖，足足有三千八百公尺，一半屬於秘魯，一半屬於玻利維亞；自從玻利維亞打仗輸給智利、成為南美唯一的內陸國後，他們的海軍就駐守在的的喀喀湖。

靠近秘魯這端的湖上，住著一個稱作「烏魯族」（Uros）的少數民族；據說，他們的祖先是因為當初印加帝國打過來時，為了避難才退居湖上。烏魯族人將交纏的蘆葦根部切成一塊一塊，再用棍子插入，捆綁在一起成為地基，最後鋪上一層層厚實的蘆

右：島民販售自己做的手工藝。
左：多虧了左邊的太陽能板，現在房子裡能裝 LED 燈泡照明了！

葦，形成一個個人工島嶼，現在大約有一百多個這樣的島。

我們參觀的島上有六戶人家居住，其中一戶的屋主邀請我們參觀他的家，用著還算流利的英語解釋島上生活的點滴。對方帶著淺淺的微笑說，因為蘆葦島無法耕種，所以他們靠打漁為生，但主要還是得靠販售手工藝品給觀光客來賺錢，才能到普諾城購買馬鈴薯等農作物。前兩年因為新冠疫情，觀光客完全絕跡，這也幾乎斷了他們的生路，但他仍然堅持要留在家鄉，努力自學英文，就是想把他們獨有的文化傳統傳承下去。屋主

其中一個居民的家，小小一張床擠一家三口。

很驕傲地跟我介紹這兩年政府所發放的太陽能板，現在他們房子裡有兩顆LED燈泡照明了！聽完他的介紹，我竟在不知不覺間也溼了眼眶，不禁感慨，跟他們相較之下，我們日常的那些煩心事兒，根本都算不上什麼。

的的喀喀湖很美，美得有如世外桃源，這裡人的生活模式也相當原始。一個書桌大小的掛布，得花手工一個月才能做完，而且是島上限定，外面可買不到，但是一個月能不能輪到一船觀光客開到你的島上購物都是問題。我腦中的小算盤打一打，還真不忍心殺價，離開前買了一些我也不知道要幹嘛的紀念品，就當作友情贊助，希望他們未來順遂，也提醒自己要懂得珍惜和感恩。伴隨他們的歌聲，我們乘著傳統龍舟參觀了當地的小學；船一靠岸，校長便帶著老師和學生出來迎接，所有人一字站開，一口氣唱了五、六種語言的歌曲歡迎我們的到來；小朋友們對此非常熟練，看來這已經成了他們生活的日常，而我們也把千里迢迢扛來的文具、玩具、書籍、衣物等東西贈送給學校。

雖然我們的秘魯導遊之前不斷強調，因為島上沒有牙醫，所以希望我們不要送他們糖果、零食，也希望這些物資能集中起來，由老師發放給學生們；但是還是有團員無法抵擋一群小朋友蜂擁而上、被當成救世主的那種快樂吧！

離開這人間仙境時，不知道為什麼，我的心情卻是沉甸甸的。

大自然的萬千樣貌

隨著時間推進，高原反應造成的手麻、腳麻加頭痛，因為每天緊湊的行程越發嚴重，糟糕的是睡覺睡一睡還小落枕。終於熬到從天堂飛回人間的日子，一回到利馬，真的「立馬」神清氣爽，所有症狀不藥而癒，加上又能喝酒，總算是感覺活回來了！接下來的重頭戲就是坐小飛機觀賞納斯卡線，本來以為吃了暈機藥就能避免不適，沒想到我還是高估了自己。

我們這架飛機的機師超級認真（大概是因為我有事先給他塞了點小費），會確定每個人都有把每一張圖片看得清清楚楚。在飛機上的感覺好似坐在湯姆・克魯斯（Tom Cruise, 1962- ）的戰鬥機上，一下左傾、一下右斜；我原來打算全程錄影，後來真的暈到懷疑人生，看到我前座帥哥氣定神閒地對著窗戶喀嚓喀嚓，我就放心地把塑膠袋當口罩掛在臉上，以盛裝隨時可能會泉湧而出的穢物，等聽到「三、二、一」再往窗外瞄兩眼。下飛機後，機長跑來問我感覺如何？當時我真的暈到不行，但是挺佩服自己居然還能故作鎮定地衝他一陣誇讚：「這是我飛過最穩的飛機，我們整團專程從臺灣飛三十個小時來這裡，通通都有看到，這趟飛得相當值回票價……」不過跟別架班機比起來，我們的機長好像真的有比較賣力，全機團員一致公認小費給得有值得！

納斯卡線據說是在西元前五百年至西元後五百年間出現的，地點位於秘魯西海岸的納斯卡沙漠，由於此地人煙稀少、長年乾燥無風，所以即便經過幾千年，圖案卻仍舊清晰可辨。畫圖的方法就是把上層的地表劃開，露出下層不同的顏色，

納斯卡線空中導覽之旅。

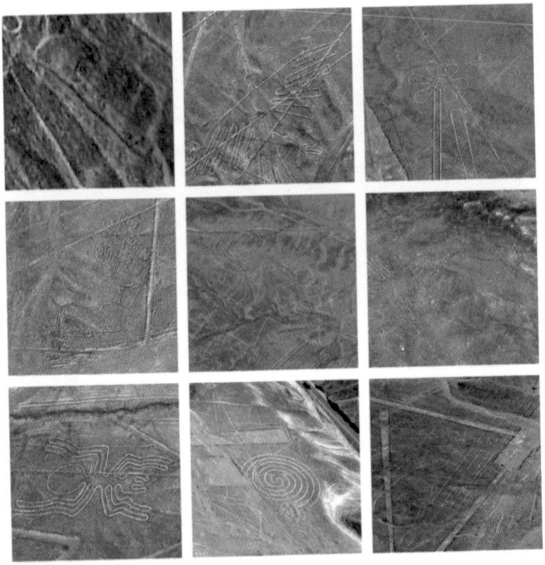

太空人	禿鷹	花朵
海草	猴子	蜂鳥
蜘蛛	螺旋	鸚鵡

神祕且圖形豐富多變的納斯卡線。

只能從高空中看見圖畫的樣貌，在地面上是無法發現的。這些作品是誰畫的？怎麼畫的？一直是個謎，最簡單的理論就是全部推給外星人。猶記二十多年前，我在美國新墨西哥州的羅斯威爾飛碟（Roswell UFO）博物館裡也看過，他們把納斯卡線當作是佐證外星人造訪的事證之一。但是也有理論相信，這些圖畫是納斯卡民族為了祭祀而做的，畢竟印加人都能在沒有鐵器和輪子的環境下蓋出馬丘比丘。古人的智慧不容我們小覷啊！

從利馬沿著海岸往南前行，沿途發現很多高級度假村，這兩天吃的餐廳和住的旅館都明顯高級非常多，度假村的配備跟美國的感覺差別也不大；雖說是沙漠氣候，但令人驚訝的是沿路兩旁竟然種植了許多農作物，像是葡萄、棉花、橄欖、洋蔥、蘆筍、百香果等等。這趟旅程的最後一個活動，是乘坐刺激的越野車到沙丘頂端滑沙。這個綠洲是天然形成的，相傳瓦卡奇納湖的湖水有療效，泡在裡面可以治療氣喘和支氣管炎等疾病；不過近年來遊客太多，當地住戶度假村超抽地下水，導致湖水面積縮小，政府開始人工灌水入湖，商業發展的同時也破壞了當地的自然景觀。

高級度假村旁的美麗夕陽。

整趟旅行中處處都令我驚豔，飲食方面讓我覺得最特別的便是「古柯葉」（coca）。

沒錯，古柯葉就是提煉古柯鹼的原料，但是每一片葉子中僅能提煉出非常稀少的量。一般來說，當地會嚼食古柯葉或將其拿來泡茶，以減緩高山症的不適，並無毒性或成癮的問題；事實上，可口可樂（Cocacola）顧名思義，一開始的配方也有古柯葉成分。這幾天除了喝古柯茶，還吃了古柯冰淇淋、古柯巧克力，其實沒什麼特別的味道，就是淡淡的草藥味。對於古代印加人而言，古柯葉是非常重要的作物，除了醫藥用途之外，更是拜神、祭祀、算命等不可或缺的媒介。近年來美國為了打擊毒品，積極要求中南美國家減少栽種古柯樹，這種行為實在非常不尊重他國文化，也難怪世界各國看老美這麼不順眼了。

巫師用古柯葉和當地能找到所有象徵大地的穀物及花草來進行祈福。

傾聽自己內心的聲音

我是一個膽子很小的人，從小到大做事都要計畫得妥妥當當才敢踏步前行。活了大半輩子，發現自己好像從未年少輕狂過，唯一瘋狂的事，就是剛到美國第一年，跟室友從加州開車去新墨西哥州找外星人吧！每每感慨青春熱情在過去二十多年的柴米油鹽中消失殆盡，人生還有很多願望沒有達成就已經走向後半場。但是這次同行的團員們鼓勵我燃起追夢的勇氣，本來以為南美這種硬行程的團，應該都是年輕人才會有興趣和體力，畢竟高山症可一點兒也不好玩，沒想到全團最年長的阿公已經八十四歲，還有好幾位年逾古稀的叔叔阿姨們，精氣神完全不輸年輕人。我在他們身上看到了勇於突破自我的精神——人活著就要打破框框，人很渺小、

團員們雖然來自四面八方，但旅途中卻像家人朋友般互相扶持、彼此關照。

世界很大，抱著樂觀的心態面對每一天，千萬不要讓恐懼局限我們的腳步。

旅行途中，我嘗試了很多以前不會做的事，也思考許多未曾想過的事。真心覺得很多的困難與恐懼都是自己的腦子創造出來的。現在，我將進入人生的新階段，希望接下去的路，能走出真正的自我，活出真實的自己。

廁所標誌：有雞雞的是男廁，沒有的是女廁。

安啦媽的夢想清單

灌溉人生經歷的極限之旅

Nuna

從事軟體業工作已有十年經歷，如果不考慮吃喝拉撒睡的話，應該會跑去當一名業餘作家，記錄自己平凡無奇的一生，曾經營部落格「**Nuna**的主觀意識」累積超過百萬人氣，並曾在**ETtoday**、**KKBOX**、**K channel**等媒體開設專欄，目前停更中。再次提筆，生疏不少，還請多包涵，願我的筆下的秘魯，能為你勾勒出一幅畫面，帶你遨遊其中。

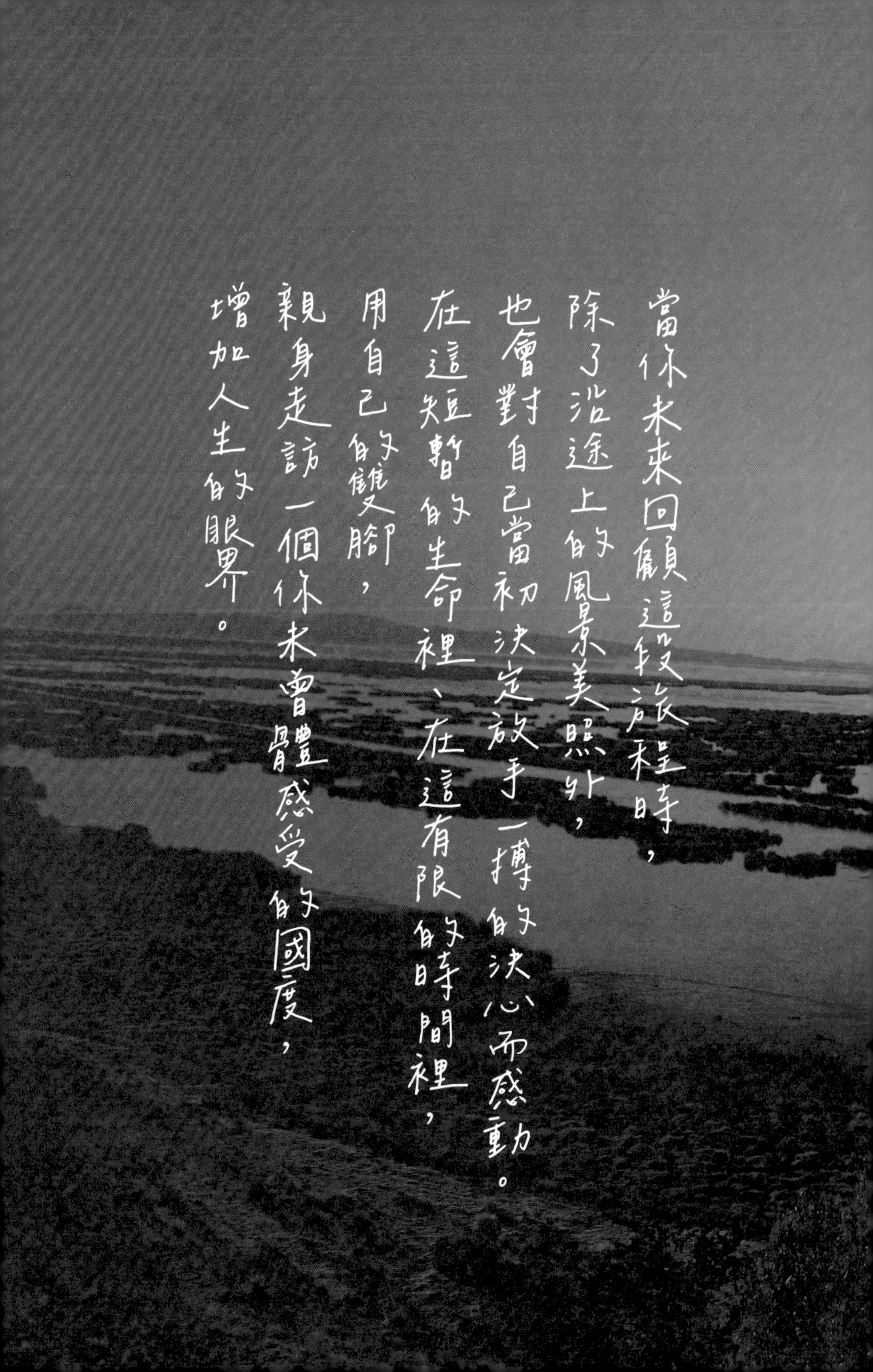

當你來回顧這段旅程時，
除了沿途上的風景美照外，
也會對自己當初決定放手一搏的決心而感動。
在這短暫的生命裡、在這有限的時間裡，
用自己的雙腳，
親身走訪一個你未曾體感受的國度，
增加人生的眼界。

秘魯
和馬丘比丘一直是我的夢想之地。

第一次對秘魯有所認識，是源於一部二〇一四年的韓國綜藝《花樣青春》（꽃보다 청춘, 2014-2017），三位四十歲的中年大叔在毫無事前準備之下，在秘魯展開屬於他們的青春之旅，當時才二十幾歲的我，看著他們在秘魯探險，搭小飛機看納斯卡線、在沙漠裡滑沙、見識馬拉斯古鹽田、到庫斯科參觀主教座堂、享用天竺鼠等等，甚至到最後看見馬丘比丘時，三個大男人激動落淚。我心想：「這個國家也太有意思了吧！有古文明、歷史文化，也有因氣候產生的特殊風景與景觀，還有那超出理解範圍、令人難以解釋的外星人圖案。」這麼有趣可玩的國家，有一天一定要親眼看一看。

　　隨著忙碌生活，加上疫情侵擾，這個夢想之地，一擱置就將近十年；這近十年間，我的人生經歷了不同變化，也從單身走到了結婚。直到去年從「玩美南人Eric」的粉絲專頁上得知，即將開放報名秘魯團，行程都是我想去的地方，我心想「就是現在了，不要再等待」。跟先生討論過後，決定前往秘魯作為蜜月旅行，於是連什麼說明會都沒有聽，就火速報名參加元本旅遊所規劃的秘魯行程。

這是我人生第一次自己花錢報名跟團，以往就連去西藏都是自助組團前往。在報名元本旅遊的行程後，跟團的好處就是不用安排任何事情，一切交給專業的來；但我依然維持過去自助旅行的習慣，事先自行上網查找部落客們對於這些景點的心得與評價，以及他們在旅遊中所見所聞與奇妙發現，並稍微了解這些旅人前輩們去秘魯都會買什麼樣的伴手禮與紀念品回來，也研究一下大家都是怎麼準備行李的。畢竟要去一個溫差這麼大、氣候跟臺灣截然不同的地方，衣物的準備就更為重要了。到了出發前一個月，我至旅遊門診掛號、挨了三針，還拿了高山症的藥。出發前總希望行李跟行前準備至少要做到位，屆時到當地才不會因為準備不充分而影響旅遊品質。

與秘魯的初相見

身在臺灣的我，對遠在南美的秘魯總是有無限好奇。秘魯這個國家有沙漠和安地斯山脈，還有經過亞馬遜河的南太平洋；光是土地面積就相當於三十六個臺灣、擁有廣闊土地與豐富歷史、風景、人文的秘魯，想必與孤單佇立在海上的臺灣非常不同。究竟曾經金光閃耀的印加文明為何在西班牙人入侵後快速消逝？印加人究竟是用什麼方式搬運這些大石頭？為什麼會有馬丘比丘？梯田與鹽田又是如何建造出來的？還有納斯卡線究竟是畫給誰看的？為什麼在秘魯會有這麼多的羊駝？秘魯人平時都吃些什麼？好吃嗎？我對秘魯的一切都感到相當好奇。

回頭想想在未踏上秘魯前，人生中唯一一次和秘魯

連結最深的時刻，大概就是讀書時地理課本中所介紹的南美吧！這次跟團，也是第一次親身走訪南美，沿途經過安第斯山脈、梯田、的的喀喀湖，還有幾乎每餐都會吃到的玉米；當這些原先在教科書本上必須死記硬背的地景人文，全部化作眼前真實的景象，不經嘆道：原來以前老師在台上說的那些東西都是真實存在這個世界上啊！

飛往秘魯的心，蠢蠢欲動

出發至秘魯前，我最大的目標就是好好體驗在秘魯的一切，以及順利走完整個行程；畢竟高山反應是無法事先預期的，雖然出發前有去看過旅遊門診，該打的疫苗、該拿的高山症藥品都準備好了，但內心多少還是對身體狀況的變化有所掛慮，擔心自己能否好好走完整個行程。

另外，我覺得準備前往秘魯的出行衣物實為一大挑戰，由於秘魯天氣變化大，一天如四季，加上考慮到行李托運有重量限制，我希望能將行李盡可能地精簡，所以花了不少心思準備可以快乾、不易髒且舒適的衣物，希望到當地能夠快速方便地清潔髒衣物。

跟團旅行對我而言最大的優點，除了省去訂票訂房等事情外，最重要的是能夠透過領隊跟導遊的解說，好好認識這個陌生國家的文化與歷史。事前就有聽聞我們的領隊 Eric 很會講故事，所以蠻期待領隊跟導遊會如何介紹印加古文明、馬丘比丘還有納斯卡線，也期待著有沒有哪些細節跟我之前所想像的有所出入。

整趟行程中，我最期待的絕對是被列為世界七大奇景的「馬丘比丘」！這十年間，經常看到身邊不少朋友，或是電視上常看見的名人，都曾前往秘魯探詢馬丘比丘的面貌；每次隔著螢幕看著大家和馬丘比丘開心地合照，身後那片壯闊萬分的景色，心裡總不禁想著「什麼時候可以輪到我，一睹廬山真面目呢？」

前幾年新聞曾一度報導，馬丘比丘因為太多觀光客有可能會關閉，加上後來又因為疫情的關係無法出國；當時先生跟我說，很可能未來十年內都沒辦法去秘魯了，我聽到的當下，內心一股錯愕與傷心油然而生，心想：難道要等我七老八十才能去看馬丘比丘嗎？到時候我還走得動嗎？到時候馬丘比丘還能看嗎？但人生有時候好像就是這樣，當你已經不抱任何期待時，就能遇見心中最深的盼望。

命運多舛的秘魯之行

出發前曾幾度擔心秘魯行會泡湯。二〇二二年底，我們預計參加元本旅遊二〇二三年三月的秘魯團，然而報名不久之後，開始陸續有新聞傳出秘魯當地因政治問題發生暴動，我國外交部更是調升秘魯旅遊警示為「紅色」，意為「不宜前往，宜儘速離境」。於此期間，我時常會上網搜尋秘魯的新聞，以了解秘魯當前的情況；但畢竟臺灣距離秘魯十分遙遠，後續報導的新聞並不多。隨著出發時間一步步逼近，我便至外交部網站查詢旅遊警示是否有調降，但最後於出發的前一個月（也就是二月），我收到元本旅遊取消出團的通知，便趕緊與先生討論要更換至哪個旅團。原本最一開始我們打算改為報名六月的太陽祭團，可惜此行程參與踴躍，早早就已經額滿了，我們想說沒關係，就延到九月出團吧！後來我不時就會點開元本旅遊的網站，一方面是查詢景點、住宿等資訊，另一方面則是想知道六月分的太陽祭是否有釋出名額。恰巧某一天，我發現有四個名額的空缺，立刻聯繫業務窗口，請他協助我們換到太陽祭團，這才得以參加此次的行程。

事後回想，這趟秘魯行還真是不容易啊！先是遇到疫情、暴動、滿團、換團，心情七上八下的，我還曾一度跟先生表示：「老天爺是多不想讓我去秘魯」。不過也因為如此，才有這個機會參加元本這次的「夢想清單」撰寫計畫，看來一切早自有安排。

翻山越嶺，只為睹風采

此次旅行，令我印象最深刻的是彩虹山。在前往彩虹山的前一天，我們參加了太陽祭典，因當天在烈陽下曝晒了一整個下午，加上高山日夜溫差大，身體一時間負荷不過來而導致中暑發燒；前一晚跟先生討論過後，決定去彩虹山來回都要騎馬，我心想：「來回都打算要騎馬了，彩虹山應該沒什麼問題吧？」此時的我，尚不知道隔天將要遇見的彩虹山，正是此行的大魔王景點。

清晨跟著團員出發前往彩虹山，只記得清晨的庫斯科冷到發寒，幸好前一天中暑的症狀已經緩解不少。我們一路顛簸在幾乎不能稱之為道路的路面上行駛了四個小時，終於抵達彩虹山的登山入口，導遊提醒只需帶幾樣必需品：水、氧氣瓶、錢、登山杖等等上山即可。下

車後沒走幾步路，我環顧四周，看見左邊是雪山，右邊是彩虹山，真是美極了！再仔細對焦眼前景象，咦？說好的騎馬上山？馬呢？怎麼只剩一匹馬？原來已經有一批遊客騎馬上山，而登山口正巧陷入馬荒，我跟其他一樣原本打算騎馬上山的團員，只好一同走在馬道上，邊走邊等是否有可用的馬匹。剛啟程時，還能跟團員來上兩句閒話家常，但走著走著，我的手指、手臂開始逐漸感到麻痺，說起話來也越來越喘。唉，高山症狀可沒時間等我們適應，說來就來。

看著眼前的遊客一一排隊等到馬匹，我很幸運地在高山反應猛烈來襲前就等到了能騎乘上山的馬匹。坐上馬後，這才開始感受眼前的壯闊風景，然而這悠閒的時刻並沒有持續太久；牽著馬匹是一個秘魯女孩，為了能多接幾次客人，她不斷地催促馬兒快點跑起來，好趕過前面一組又一組的競爭對手。不熟悉騎馬節奏的我，身子不斷晃啊晃，有好幾次都覺得自己要摔出去了，只能緊緊抓著馬鞍。

接著，我來到通往彩虹山的最後一哩路。彩虹山最後一段路是不能靠騎馬上去的，只能徒步行走，好在當我下馬時，恰巧遇到正在走上山的先生。當我們還在山腳下時，兩人就有約定好要一起登上彩虹山，只要再走一下、再堅持一下，就可以親眼看見彩虹山的真面目。然而最後這一哩路走得格外費力，原先只是手麻，漸漸地，整個上半身都麻痺了起來，可見氧氣的稀薄程度，每走幾步路都必須休息喘息，先生連忙要我吸著氧氣瓶慢慢走，我們就這樣步步艱辛地走上彩虹山。

剛登上彩虹山拍照區時，我壓根兒沒興致，只連忙找塊石頭坐著，同時拚命地吸氧著氧氣瓶，翻出口袋的古柯糖趕緊塞進嘴裡。沒意識時間過了多久，只一心想要趕快調整好呼吸；而當我回過神時，只見先生、團員們與當地秘魯導遊，正排著隊伍等待拍照，我趕緊過去跟著排隊。輪到我和先生時，我展開雙臂，露出了一個燦爛的笑容。我笑不是因為看到彩虹山的美麗，而是回想起自己靠著意志力，熬過中暑和高山症的壓力，歷經波折才終於走上的這最後一哩路，實在太艱辛，勢必要擠出笑容好好紀念這一刻。

出發前我從未想過，此趟來秘魯，最深刻的不是馬丘比丘、不是納斯卡線、不是太陽祭，而是你——「大魔王」彩虹山！

常理之外，未解的謎團

旅行結束時，我問先生：「你最喜歡這次的哪個景點？」我們不約而同都選擇了神祕的納斯卡線圖騰，那超乎常理難以解釋神祕圖案，是我至今旅行中遇過最想破解的謎團。觀看納斯卡線時，需要搭乘小飛機前往；我們三十二位團員必須分成三趟小飛機，分批出去看納斯卡線。出發前，領隊和導遊便提醒有可能會暈機，要我們事先做好準備，我跟先生被分配到吃完午餐再去搭乘小飛機，我心想這下尷尬了，要是會暈機的話，究竟是吃午餐還是不吃午餐才好呢？偏偏這一餐準備的海鮮燉飯與奶酪是在秘魯中我覺得最合胃口的食物。仔細想想，搭上飛機後會不會暈機也不知道，難得有一餐有對到我這個「臺灣胃」，就先吃了再上吧！於是享用完午餐後，我們隨即趕到機場，還巧遇前一團剛下小飛機的團員們，大家簡短地交流心得，隨後便輪到我們。生平第一次搭小飛機的我，這才知道由於要維持機身平衡，必須依照重量乘坐左右兩側，每側有六個位置，機上一共十二位乘客。約兩個小時的搭乘時間，每個人可以好好地享受眼前的美景。小飛機比我想像中的還要平穩；一段時間後，我們先是看到湛藍的海景與些許的船隻，很難想像在這不遠之處，有著如此神祕的地方。這時飛機突然轉向，映入眼簾的是土黃色的沙漠，對比先前蔚藍的海景便有些單調。但是高低起伏的地勢是臺灣難以見到的沙漠地形，依舊令我目不轉睛。

接著，機長在一旁提醒我們已經到達納斯卡線。出發前，導遊提醒不要急著拍照，先將眼睛對好焦就一定可以看見納斯卡線。我往窗外一看，頓時還找不到任何圖案，隨後便聽到另外一側的團員大喊看到鯨魚了，我連忙轉頭過去，不禁驚呼出聲：「啊！我也看到了……」首次看到納斯卡線的瞬間，竟然是從另一側的窗戶。為了讓兩側的團員都可以看到納斯卡線，機身會配合圖案所在的位置傾斜四十五度，我頓時明白──原來這就是領隊跟導遊說過很容易暈機的部分啊！一開始我還能用手機對焦拍照，過沒多久便漸漸開始覺得受不了，有些暈乎乎的，於是我整個人躺到座位上放鬆。隨著機身搖擺，我看著手上的地圖，一邊聽著機長介紹每一個圖案，其中最讓我驚嘆的是：這些圖案的細節竟然能夠以接近等距的比例畫出來，而且有些圖案奇大無比，人類在地面是無法看見的，繪畫者在創作時也無法看見這些圖案究竟畫成了什麼樣子。在過去還沒有飛機的時候，難道地球上有巨人存在嗎？還是這些圖案是要給外星人看的呢？

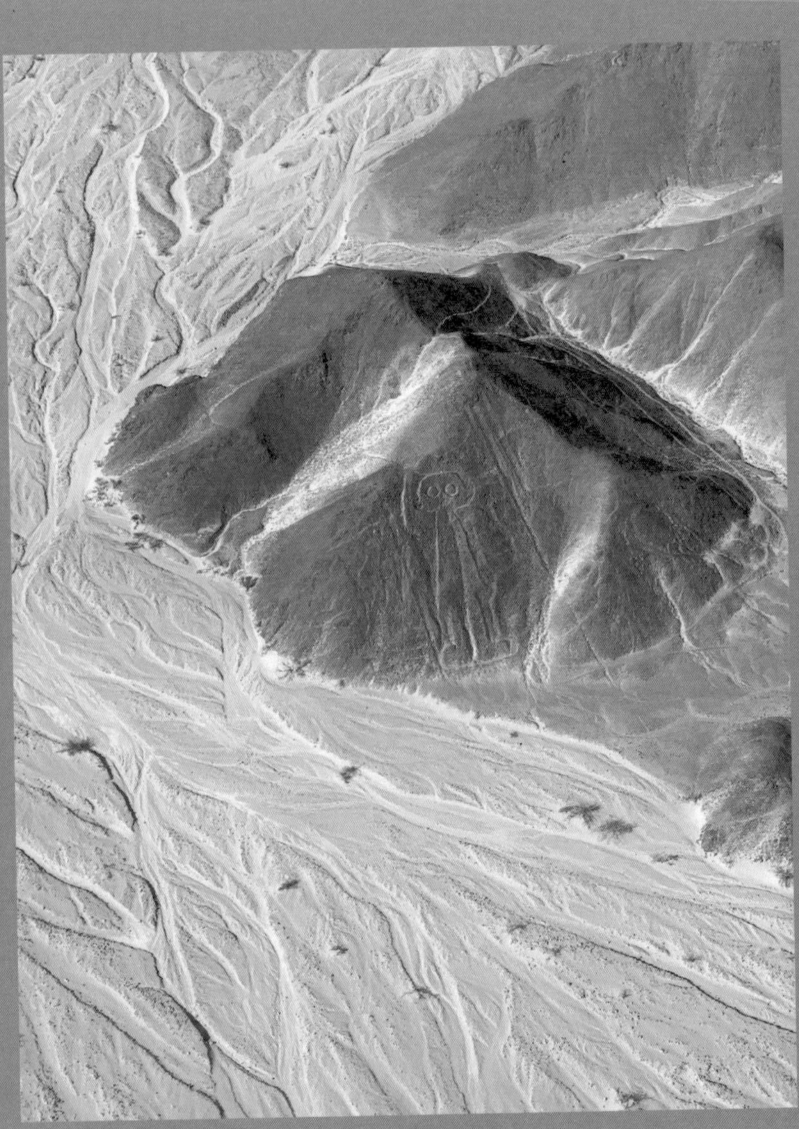

在親眼見證納斯卡線之後，我對這個文明有了更多的好奇，同時更深刻感受到自己的渺小，也用更加開闊的心態來欣賞這個世界。或許我們所認為的超乎常理，搞不好其實才是常理，只是我們還尚未知道而已！

難以企及的豔陽

坦白說，對我而言，印加太陽祭是個蠻哀傷的祭典。我沒有參與過其他國家的祭典，之前類似的體驗與經歷都是在臺灣。在臺灣各種民俗祭典中，最投入也最熱烈參與的一定是臺灣人自己。但印加太陽祭為了吸引觀光客，以價格高昂的門票阻擋多數的秘魯人進入沙賽瓦曼（Sacsayhuamán）主舞台欣賞表演；當我們這些付了高額門票的觀光客在享受絕佳視野的同時，當地的秘魯人只能聚集在另外一個山頭遠遠地觀看表演。

太陽祭演出的當天，烈日當頭、十分炎熱，表演場地上沒有任何遮蔽物，即便已經做好所有防晒措施，還是難以抵擋烈陽的曝晒。我後來跟先生聊到時，說：「一般來說看臺區通常應該會有類似遮陽棚的遮蔽物

吧？」先生則表示：「會不會是考慮到架了遮陽棚之後，那些秘魯的當地居民就看不到了呢？」，如果是在臺灣的話，實在很難想像會有這樣的情況發生。因為臺灣民眾與民意代表們絕對會率先抗議，甚至可能還會保留優先席次給當地居民。身在臺灣的我們，很難想像自己國家的重要慶典，對多數的國民而言，竟然有如此昂貴且難以進入的門檻。豔陽高照之下，表演者圍繞著祭壇載歌載舞，印加皇帝祈求太陽神保佑五穀豐收、國泰民安；此時，我心中更加希望太陽神能夠保佑秘魯政治、經濟及治安更加穩定、健全。

秘魯代代相傳的智慧

「不鹹、不甜、不酸不要錢」，起初導遊Ema如此形容秘魯食物時，我還不以為意，直到我們在秘魯當地的第一餐，才明白這句話的真諦。食物的鹹度跟甜度都非常驚人，吃下去會懷疑自己腎臟是否還安好的程度。後來問Ema才知道，受到飲食習慣的影響，秘魯人也有不少腎臟、糖尿等方面的疾病問題。對我而言，秘魯飲食的調理方式與西方人十分相近，像是義大利麵、牛排等等，但在調味上下手太重了，我這個臺灣胃實在招架不住啊！

之前在爬彩虹山時，高山症發作，我有好幾次都非常不舒服，期間除了吸氧氣外，也有嚼食古柯葉與古柯糖來緩解症狀，後來身體狀況確實有較為恢復。從彩虹

山下來之後，由於中暑加上高山症，我出現了發燒的症狀，抵達山屋時，我猛喝熱湯，而奇怪的是，原本覺得非常鹹的熱湯，卻意外地緩解了身體的不適，不確定是否是鹽分中的電解質拯救了正在中暑發燒的我。事後回想，從親身的體驗中，也可以明白那些我們覺得非常不合口味的食物，正是印加人為了適應氣候、地形環境，透過一代一代經驗傳承下來的飲食文化。

在參訪秘魯期間，最令我感受到衝擊的便是他們養育小孩的方法。和華人世界非常不同，聽聞導遊說印加人養小孩是遵循汰弱留強的原則，能生存下來的孩子才是印加的孩子，就算孩子餓到哭了，若是媽媽正在工作忙碌時，也是以媽媽的工作為優先，等媽媽工作告一段落時，才會回來照顧、餵養孩子。這在華人看來是多麼地不可思議啊！尤其現在少子化，每個小孩必須妥善地照護，絕對會以孩子的需求為優先。

旅程的過程中，也有兩段小故事可以分享。其一是在羊駝牧場時，當地婦女一邊揹孩子、一邊向我們介紹秘魯人是如何將羊駝毛進行清洗與染色，而在她介紹的同時，小孩子不時傳來咿咿啊啊的聲音，看起來非常需要照顧。大家聽見孩子的聲音，紛紛將目光轉向小孩的方向，只見媽媽稍微搖擺一下身體後，就繼續向我們介紹說明，當下只覺得媽媽跟小孩都好辛苦啊！好在後來有人出手幫忙，將孩子抱走安撫。另外一個小故事則是在發生在彩虹山，當我們爬行最後一哩路時，眾人氣喘如牛，此刻卻聽見嬰兒嚎啕大哭的聲響，實在讓人難以忽視。查看之下發現，原來那聲音來自山上其中一個小攤販的孩

子，只見嬰兒被擺放在一個籃子裡，就算哭聲已經驚動了四方的旅人，媽媽還是很淡定地進行手邊的工作；尤其山上的天氣嚴峻多變，能在這種環境下生存下來的秘魯媽媽跟秘魯小孩，令我十分敬佩。

這次旅途我還觀察到，原來秘魯人很喜歡上街抗議啊！原先想像中的秘魯人民，感覺很樂天、對政治較不關心，沒想到這次從行前就遇到了政治動亂，旅行途中經過的村落也看見許多政黨的塗鴉。然而跟臺灣不同的是，我們的政黨會架設許多看板廣告，秘魯人則是偏好將政黨圖案

秘魯街道上的政黨圖案。

直接繪於牆面上。除此之外，也聽聞秘魯的老師、醫生是可以罷工的，以至於有些孩子讀了好幾年的國小卻遲遲畢不了業；還有彩虹山村民與政府之間路權的抗爭，主因是彩虹山爆紅後，居民開始收取入口費用，之後用於修路，畢竟進入彩虹山的那條通道是個尚未修整過的泥巴石子路，後來又演變成政府認為土地是國家的，所以想擁有主導權，雙方為此僵持不下，甚至旅途期間經過普諾的餐廳，還遇到街頭遊行抗議的民眾們，當時氣氛瞬間變得有些緊張嚴肅，好在當我們享用完午餐時，抗議民眾也已散去。

變化萬千的蒼穹

的的喀喀湖的銀河星空完全在我的意料之外，這本不是我預期中會看到的景色。

抵達的的喀喀湖旁的飯店吃完晚餐後，我先回飯店小睡一會兒，起床後已經接近午夜時分，剛跟團員看完星空回到房間的先生見到我起床，便興奮地對我說：「妳快出來看！外面的天空有銀河呢！」於是乎，我帶上最保暖的衣物，畢竟深夜高山上的湖邊可是異常寒冷。從一片漆黑的飯店大廳走到了戶外，一開始覺得寒冷刺鼻，待我抬頭往上看，哇！夜空裡布滿繁星！雖說湖岸旁滿滿整排的民房自窗戶流瀉出微微的燈光，但銀河卻仍舊如此清晰可見，我跟先生還看見了兩顆一閃而過的流星。

在觀賞完星空後，我便回到房間、調好鬧鐘，準備隔天早起欣賞的的喀喀湖的日出。清晨，我被鬧鐘吵醒，一看天空還是有點灰暗，於是我趕緊架好手機，坐在飯店的房間窗邊等待。在將近半個多小時後，天已近乎全亮，但卻仍不見太陽，我不禁失了耐心，想著或許是房間角度的問題，搞不好太陽早就出來了呀！正當我想，若再過十分鐘還不見太陽的影子，我就要把手機收起來時，天空先是由橘紅轉為藍色，接著又出現一道橘色的光芒。啊！太陽公公這不就來嗎？我看見他悄悄地自的的喀喀湖岸探出頭，日光乍現的景象令我十分感動。

與太陽公公的會面

網路上有一種說法我很喜歡，只是不確定是否正確。

「天亮了，當太陽還沒找到你時，它早已經找到了你頭上的空氣，這時你雖然看不見太陽的，但是空氣散射的光已經足以讓你看見東西，所以天亮了。但當太陽再往上升高，它的光線就可以直接找到你，你就能看見太陽了。」

謝謝太陽公公，正當我想放棄時，您找到了我，讓我能在海拔 3,812 公尺高的湖面上親眼看見您。

將回憶收納的魔法

回臺後，不少人都問：「怎麼樣？秘魯好玩嗎？值得嗎？」

我回：「我們幾乎每天都四、五點起床，上山又下海，根本是去行軍！不過非常值得，很少有一個地方可以每天看到的景色感受都不一樣，十四天的旅程，讓你陸、海、空全都玩。」

去秘魯旅行遊玩，相較許多地方真的比較辛苦和疲憊，但正是因為如此，當你未來回顧這段旅程時，除了沿途上的風景美照外，也會對自己當初決定放手一搏的決心而感動。在這短暫的生命裡、在這有限的時間裡，用自己的雙腳，親身走訪一個你未曾體感受的國度，增加人生的眼界，我覺得非常開心、非常值得、非常感動。

為了紀念這次的秘魯之旅，我在離開前買了羊駝玩偶、羊駝地毯、羊駝圍巾，還有鹽田賣的鹽巴跟巧克力。其中最意外的是，原來羊駝的毛觸感這麼細緻柔軟！我很怕衣服有刺刺的感覺，因為容易造成皮膚不適，但羊駝毛完全不會有這種問題，甚至比羊毛來得更加舒適。

而在眾多戰利品中，我最喜歡的就是那條羊駝毛製的地毯了！某天，我想到：「啊，還沒買東西給我家貓咪呢！」便一路想著，不知道還有沒有機

會看到羊駝製的地毯？結果沒過多久就在餐廳門口外遇到正在擺攤的婦女，手裡舉著這條地毯，我遠遠看到就決定是它了，三十秒內議價成交。地毯做工細緻，摸起來相當柔軟；回國後，我立刻將它獻給貓主子，貓咪對這份禮物也非常滿意。有養貓咪的人記得來秘魯帶條百分之百羊駝毛製的地毯，包準貓咪喜歡。

無限的挑戰，無極限的自己

當初會決定報名跟團前往秘魯，主要是希望能將旅遊中可能會遇到的困難與風險降到最低，至少若真不小心發生意外，也有人可以協助處理。所以最讓我感到有挑戰性的，就是自己的身體狀況了。

在出發前，我並不知道參加秘魯團會如此艱辛，從景點到景點之間的距離都要拉車行進約三至四個小時之久，凌晨四、五點起床是常態，所以朋友聽聞後才都笑稱我們這不是去蜜月，根本是去行軍吧！前期睡眠不足加上中暑以及高山症，最後連生理期也來報到，一路上都是自我意志跟身體的挑戰。前天中暑發燒吃藥退燒，隔天上彩虹山，下山後又發燒，只好再吃藥再退燒；雖然身體感受到疲憊與辛苦，但我仍維持堅定的意

志，畢竟等待了這麼久才終於來到秘魯，我實在不能
——也不願錯過任何一個景點。

不放棄的堅持

從彩虹山下來後的那天，先生看到我身體不適地躺在飯店的床上，他憂心忡忡地對我說：「早知道就不讓妳上去了。」我說：「可是都來到這裡，就真的是想去看一眼，不管怎麼樣，至少我看到了，我們一起看到了！」所幸挑戰完大魔王彩虹山後，身體也逐漸恢復，後續的活動一個都沒缺席，順利走完全部行程，平安地歸國。

睽違三年再度踏出國門，去完一趟秘魯後，我覺得自己好像重新啟動了一樣。疫情期間無法出國，都快忘記自己原來是一個這麼喜歡旅遊的人，直到這次出國，再次成為旅人，才更懂得珍惜這能四處旅行的機會、更自在地享受旅行的時光、也更加認識自己——原來比起高樓大廈、血拼購物，我更喜歡走訪古文明、地景奇觀、豐富的特色與文化。除此之外，也非常感謝我先生，當我說想去秘魯度蜜月時，他二話不說，全然地支持我踏上這個「假蜜月、真行軍」的秘魯之旅；當然也非常感謝元本，讓我有機會用文字和影像記錄這趟旅程的珍貴回憶。

最後，僅把此次在秘魯的體驗感受與回憶紀錄，獻給我去宇宙旅行的朋友 Ian，願你在宇宙旅行的時候，能接收到這份來自地球的神祕禮物。

Nuna 的夢想清單

走訪我的夢想國度

毛怪

熱愛工作，擁有一個週休二日的正職工作與一個週休五日的兼職工作。

熱愛看故事，熱愛說故事，喜歡上山下海旅行看世界，是個懷抱故事夢與赤子心的孩子王。

旅行最大的樂趣之一，就是逛過一家又一家的童書店、帶回一本又一本有趣的繪本和大朋友小朋友們分享。

我想把腳踏進海裡，
身體泡進海裡。
試、試南太平洋的水溫，
體驗站在南太平洋的浪上，
探索南太平洋的海底世界。
我想走進亞馬遜河的原始叢林，
感受秘魯的另一個面貌。

大學時期到歐洲旅遊，總想著：

這個地方，此生再也沒有機會來第二次了。

貪心地想要在腦海裡和行李箱中塞滿可以帶走、能夠記錄下的點點滴滴。長大後，藉著工作出差的機會，走過許多不同國家。在經濟富裕的已開發國家旅行相對輕鬆自在，雖然每個國家都各有文化差異，總能夠摸索出一個大致的輪廓。當年以為不可能再次造訪的城市，變成每年固定工作開會的地點。每次旅行的感動依然在，但似乎隨著經驗的累積，少了學生時期初看世界的震撼與悸動。

記憶中的秘魯

拜訪馬丘比丘是大學時期就想跟好友一起完成的夢，當時理想中的行程是自己背著大包走古道。不過，後來因為讀書、工作，種種的事情耽擱而遲遲未能成行。過了幾年上班族生活後，長期坐在辦公室，由於缺乏運動而導致體能日漸下降，也似乎離背著大包探索印加古道的夢想越來越遠。一直到二〇二二年，疫情開始趨緩，國與國之間的旅行再度顯露一絲曙光。

恰好，也到了想重新在工作與生活中找尋另一種平衡的年齡，便開始想：

應該，可以重新規劃一下我的旅遊清單了吧？

接下來，我想多看一點不同的世界。

二〇二二年十一月初，剛剛報名、刷卡、繳了訂金；十二月，秘魯就發生政變。緊接著外交部發出旅遊警示，提醒國人秘魯不再是個適合旅遊的國家；接下來，就是一連串的等待。中南美各國政經局勢的不穩定似乎是常態，我們預期幾個月內就會好轉，六月應該可以成行。

隨著出發日期越來越近，也越發好奇究竟是什麼原因，讓美洲三大文明之一的印加帝國演變成現在的模樣？

行前說明會的時候，領隊 Eric 特地交代，我們會到的的喀喀湖上的小學拜訪。如果可以，大家可以帶一點文具分享給當地的孩子。

我想起自己與秘魯的淵源，想起自己曾認養過的秘魯小孩，想起孩子寄來的卡片上那歪斜又稚嫩的手寫字，想起照片上黑黑小小的臉上帶著的笑容。那一刻，突然覺得自己跟秘魯的距離並不若地圖上標示得那樣遙遠。

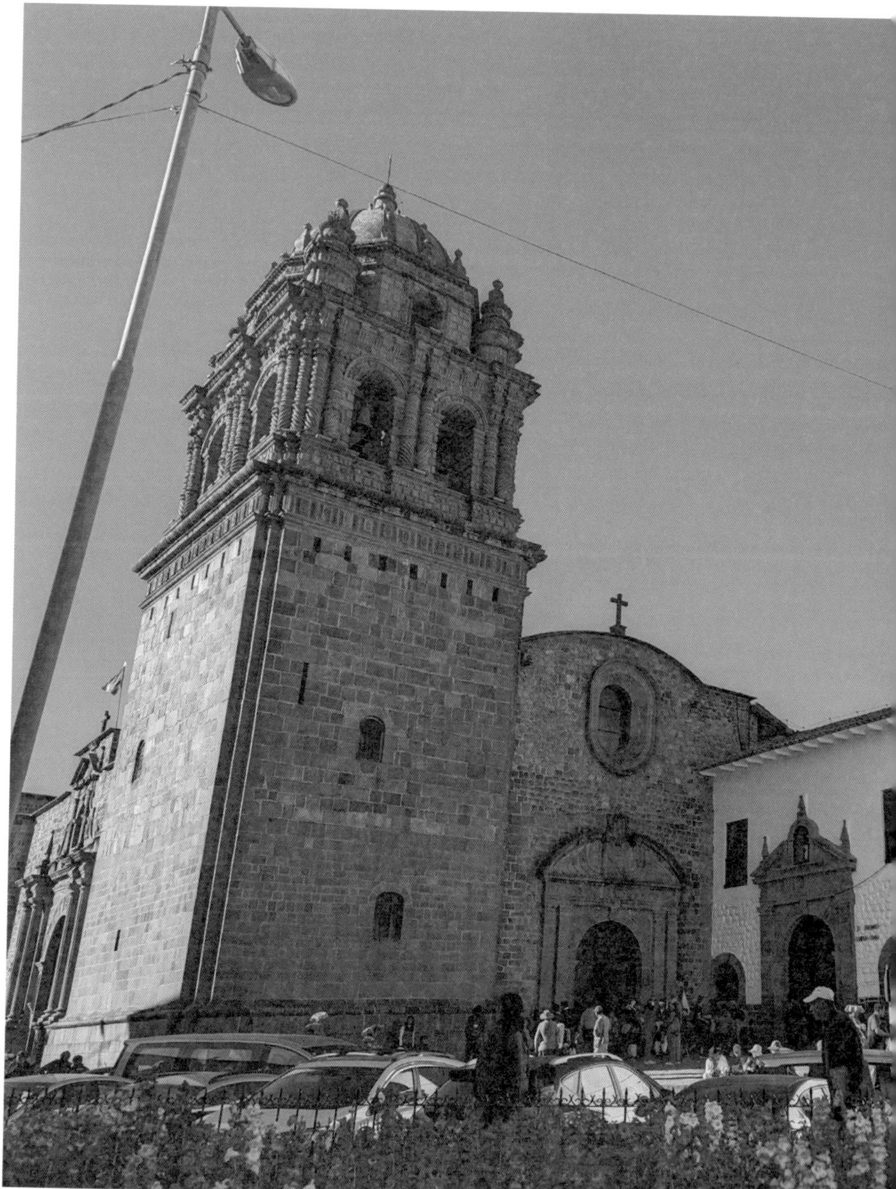

與秘魯的不解之緣

和秘魯的緣分大概可以回溯至二十年前，在世界展望會的兒童資助計畫中認養了秘魯小孩，這應該是我距離秘魯最接近的時刻。每年聖誕節前夕，孩子會透過世界展望會寄來一張他的照片，還有手寫的卡片。認養的孩子很小，還不會寫字，只是在紙張上塗鴉；等他慢慢長大一點，卡片上就會開始出現歪歪斜斜的字體；等孩子再大一些，資助的費用就會轉往另一個年紀更小的孩童。心裡很好奇的是：孩子開始學寫字了，然後呢？有機會繼續就學嗎？當地的教育環境與經濟狀況，可以讓他們讀多少書呢？

知己知彼，百戰不殆

除了馬丘比丘和的的喀喀湖這兩個在課本、書本、旅遊節目裡看過無數次的地點，一定要親眼見證之外，這幾年開始喜歡上登山的我，最想登上彩虹山的頂點，體驗在海拔五千公尺以上的高山空氣。

臺灣的山，總是一個山頭接著一個山頭，從山腳下的闊葉林，一路隨著海拔攀升變成針葉林、箭竹林，夏季是一片深深淺淺的綠，冬季帶著灰濛濛的色彩，但不管什麼季節，總是會布滿植物。網路搜尋到關於彩虹山的照片，那兒看起來寸草不生，沉積在內陸，內含不同礦物質的岩石經過幾百萬年的侵蝕與風化，展現出層次分明的色彩；跟臺灣的山截然不同。

家裡書房擺放著一個可以摸得到山脈突起的地球儀。手指腹觸摸地球儀上南美安地斯山脈，相較於小小的臺灣擠著高聳而密集的山脈，我知道這是很大一片的山脈。但是，實際看到安地斯山脈，跟我平常看到的中央山脈有什麼不同？走在安地斯山脈裡，爬上海拔四、五千公尺的高山，又是什麼樣的感覺呢？

登彩虹山的那天，全團起了個大早，天都還未全亮就上了車，花了幾個小時一路搖搖晃晃抵達登山口。

原本想讓爸媽節省體力，預備好租了馬匹讓

兩老上山。到了登山口才發現，早來的遊客早已經把馬匹搶光。我把膝蓋痛的老媽留給導遊 Ema，等待機會攔截下山的馬匹。領著體力不錯的老爸先往前走，看看我們的體力能走多遠？擔心老爸的身體狀況，每走一小段路就強迫他停下來休息一下、吸兩口氧氣。大約一個多小時後，有馬匹空出來，便讓老爸上馬，我一個人繼續往前走。

不知不覺，已經走到第一個觀景平臺。觀景臺上一邊是排了長長人龍等著要跟彩虹山合影的遊客，另一頭也是很驚人的排隊人潮，正走上更高的觀景臺。看看時間還早，便繞過人群，找到一個沒人的步道探險去；十分鐘後，居然從人群的後方走上那個觀景臺了，每個遊客都興奮地看向彩虹山。我站在山坡上，彩虹山與喧嘩的遊人在我的右手方，一大片雪山則安安靜靜地站在我的左手邊。撿起地上兩張不知從哪裡飄過來的紙屑，不禁想著：紙張在這麼乾燥冷冽的高山上，不知道何年何月才能分解得掉？還是放進口袋，帶回旅館垃圾桶吧！

最終，一家三口分別用不同的方法在不同的時間抵達，不過都平安地走過這段路，這幾年的體能鍛鍊果然沒有白費。

早晨走在海拔五千公尺的高山上，乾乾涼涼的空氣很稀薄，身體沒有什麼不適，步伐還是輕鬆的。沒有想像中的寒冷，走沒幾步路，就要開始脫外套了。從在登山口的一群人嘻嘻哈哈，不知不覺還是變成了一個人的旅行。這跟人生不是很像嗎？終究，要面對一個人的旅行。

廣袤的世界，渺小的人類

這趟旅程中，不只活動安排得有趣，自然景緻也十分令人驚豔。其中最值得一提的就是安地斯山脈，它的高大與寬廣完全出乎我的意料之外。

高中第一次到美國時，我呆站在洛磯山脈（Rocky Mountains）某處的公路上好久。當時帶隊的老師問：「妳在這裡做什麼？」第一次看到大山的我，傻傻地看著遠方說：「這裡好大，山好大、樹好大、路好大。」

這一回，坐在馳騁於泛美公路（Pan-American Highway）的遊覽車上，依舊是傻傻地看著窗外說不出話來。從車窗看過去，好遠好遠的一大片平原後面，冒出幾個圓圓的、可愛的山頭，似乎才幾百公尺高。而我們所在的位置，其實已經是位於海拔三千公尺以上的道路。也就是說，這一片平原後面的山，可能已經是海拔四千公尺，或是更高的山了。如果不是手錶上的高度計，和夥伴們因為高原反應，身體極度不舒服，都要忘了自己身在高海拔地區。這座山脈的廣大，已經超過我以往對「大」的認知。也發現到：世界，不會因為我看的越多而變小，反而是隨著我造訪的地方越多，越覺得世界的廣袤，也越發覺得自己竟是如此渺小。

輝煌的太陽祭典

太陽祭是此次秘魯行的重點之一。行程安排一連幾天早起，終於在太陽祭這天，因為我們要參加的沙塞瓦曼軍事古堡慶典在下午，Eric 便難得地宣布可以睡到自然醒，聽到這裡，全體團員發出如雷掌聲。尤其幾位有高原反應的夥伴，終於可以多休息一些時間了。早上沒有行程，所以難得可以偷溜出去逛書店。我從昨天就看好了路線，邀請老爸和同組的團員阿雅陪同一起去探險。

沒料到的是，由於慶典的門票所費不貲，當地人不一定負擔得起，所以多數當地民眾會在早上到主教堂前的廣場慶祝。這個時間，印加帝國第九代皇帝、皇后會從太陽神殿（聖多明各修道院，Convento de Santo Domingo）出發，來到廣場宣讀祈禱文。廣場上擠滿當地熱情的民眾參與盛會。我們便因為主教堂前廣場附近所有的出入口都封閉，差點兒無法及時回到旅館跟大家一同出發前往慶典。

太陽祭這天，在沙塞瓦曼軍事古堡的祭典內容，是由專業演員演出印加時期祭祀的流程。兩小時的表演，全程都使用印加語，我們當然一個字都聽不懂。偶有西文和英文解說，然而燠熱的氣溫悶得我無法專心聆聽。不過獻祭的時候，我們都很認真研究；獻祭的橋段，是要選一隻最棒的羊駝宰殺，取出心臟並將其燒掉，獻給大地之母。這時，一隻活生生的羊駝被牽上台，那隻白色贏弱的動物被眾演員壓著，然後一聲動物掙扎慘叫，一顆血淋淋的心臟就被取了出來。

全體團員很認真研究那隻羊駝怎麼了？有人猜被下藥迷昏，有人猜可能只是單純被壓制在地上；總而言之，不能讓牠突然起身滿場跑，否則就穿幫啦！羊駝最後當然還是被演員牽走了，這場表演沒有任何動物的身體受到傷害，不過我想，小羊駝的心裡可能被嚇得千瘡百孔了。

太陽祭重現的，是第九世皇帝的故事。這個皇帝就像是秦始皇，締造了一個偉大的帝國。不過印加帝國的歷史很短暫，沒多久就殞落了，而且

告別歷史舞台的方式也很離奇——他們當時才剛剛結束十三與十四世的內戰。打完內戰一年後，西班牙人就氣勢洶洶地殺了過來。接著，帝國謝幕。

庫斯科是印加帝國時期的首都。十六世紀時，西班牙人滅了印加帝國，二十一世紀，秘魯人在祖先被敵人破壞的古堡裡，上演一齣帝國輝煌時期的故事。秘魯人藉由祭典緬懷印加帝國的榮光，外國旅客看得熱鬧精彩，但細想這一切，還是有點不勝唏噓。

秘魯美食，美景，與人

行前便有聽說秘魯盛產各式各樣的玉米，所以旅途中一直很期待可以吃到各種不同種類的玉米！來到利馬的第一餐，我們就喝了用紫色玉米所煮成的玉米果汁。玉米味道很淡，主要是取其色；玉米汁裡還有蘋果、檸檬、肉桂等水果和香料，各家配方不同，甜甜酸酸的很好喝。這些紫色玉米除了拿來做果汁，也可以當繪畫或是布料的染色劑。

路邊有很多水煮玉米的攤位。我和朋友們將攤位上的玉米取了個暱稱，叫「暴牙玉米」。暴牙玉米的每顆果實都像指頭般大，齒列不整。吃起來很甜很軟糯，口感跟糯米玉米也相似。是幾乎每餐都有的美味。在臺灣吃水煮玉米，總會灑上一點薄鹽帶出甜味；在秘魯則是單純的水煮，搭配著口味清淡的起司一起享用。加上起司之後，會帶出另一個層次的風味，吃起來更加香甜。偶爾也會把暴牙玉米拿來做成爆米花當作零食，爆米花依舊是單純的原味。在秘魯，只要是蔬果類幾乎都是原汁原味，也不會為了香甜口感做品種改良。難得吃到蔬果的原味，該有的清香，該有的微酸，全都一點不差地呈現。對吃了太多過甜水果的我們來說，反而是種別樣的享受。

從印加帝國時期的軍事堡壘奧揚泰坦博到庫斯科的路上，沿途會看到不少作物的種植。這裡是庫斯科的糧倉，道路兩旁種有藜麥、玉米、馬鈴薯等。庫斯科附近有個圓形梯田，是古印加帝國的實驗農場。梯田的高度不同，印加人就可以模擬在不同氣候下，農作物的生長情形，選擇種植適合的蔬菜水果，普及到全帝國各地相同海拔的地方，是種很科學的作法。

從高山回到平地，要去搭納斯卡線小飛機的路途，一樣是走泛美公路，不過走的是靠海岸的一段。進了皮斯科（Pisco）漁村，從遊覽車的窗戶看見滿天的海鳥，又瞥見一隻正在躬身向前的海獅，我忍不住站起來驚呼。因為團員很多，得分梯次搭機。於是在接送夥伴的空檔，很幸運地偷到

一點時間可以到海邊放風，這可是行程上沒有的景點啊！看著海，真的好想跳下去恣意優游一番。

海邊等待餵食的鵜鶘，體型大得嚇人。漁夫們在海邊支解新鮮的魚，有破損不要的魚肉或是內臟，就丟給鵜鶘當午餐。看著鵜鶘餵食秀的時候，有隻海獅偷偷偷地朝海岸游動，鬼鬼祟祟地想伺機撈點好料。但真要丟給牠吃，牠卻又一臉害羞。在動物園、水族館，可看不到這樣未經彩排的精彩演出。

豐富的海岸線生態更是讓愛海的我興奮到極點，好想在海邊停留更久。如果可以在這裡待一整個下午，那就太幸福了。

遊覽的的喀喀湖那天，我們搭上一艘蘆葦觀光船，體驗搭船到另一個島的感覺。上船坐定後，原先為團員們解說蘆葦島生活與在島上販售紀念品的當地居民，全都擠到了船邊，用當地語言唱歌歡送我們。原本以為一首歌唱完，居民們就會離開，船上的團員們紛紛搖手跟居民們道別；突然間，歌聲再度響起。他們帶著可

愛的手勢與笑臉，用生硬的英語唱起了英文兒歌。

聽見歌聲，眾人瞬間驚喜地笑開懷！是怎麼樣的樂觀與堅毅，讓蘆葦島上的居民即便身處這麼惡劣的生存環境，依然勇敢、依然燦笑、依然美麗，並願意把那樣濃烈的笑臉，帶給初見面且也許永不再見、來自遠方的遊客。

或許，人生也不過就是夢一場。

動手玩料理

這次行程中，最令我印象深刻的是倒數第二天下午所上演的廚藝秀。這場廚藝秀不是一個人的表演，而是讓每一個人都有機會展現自己手藝的課程。這天要做「檸汁醃魚生」（Ceviche），這是一道秘魯國菜，用檸檬醃生魚，把魚肉酸化熟成。步驟很簡單，每個人桌上都有相同的材料，按步驟丟進碗裡拌一拌就可以完成。我自己試了一下，在檸檬的催化下，魚肉果然熟了。吃起來完全沒有想像中的生味，蠻好吃的呢！

主廚很認真地品嘗所有團員的作品，並且一一給予評分。我們在台下笑著：

老師好辛苦，我們都不敢吃自己做的「檸汁醃魚生」，他倒是每盤都吃了。材料明明一模一樣，每個人做出來的口味卻大不相同。家裡兩老做菜的時候，因為站在最後一排，也搞不清楚台上老師是怎麼示範的，聽了Eric的翻譯後就按照自己的意思下手。我在一旁看著，內心不禁想著：「咦，剛剛老師明明不是這樣說的！」

果不其然，等到要評分的時候，這些不按牌理出牌的學生所做出來的菜「效果十足」。老師吃得尷尬，學生笑得更尷尬，旁觀的團員們看著彼此出糗，全部都開心極了。

情同家人的緣分

一直沒參加過團體旅遊，就是擔心自己我行我素慣了，很難配合團體。這回行前說明的時候，坐在綺文老師旁邊，因為是同一所大學畢業的校友，旅程還沒正式開始就已經相當熟稔了，在機場還沒出發便已相談甚歡。由於團體人數眾多，我們以五、六人分為一組，方便集合點名。完全不明白小組是怎麼組成的，不過，我們的五人小組一開始就很契合，讓我早早把難以融入團體的擔憂拋諸腦後。

太陽祭的那天早上，我想在庫斯科的市區逛逛，阿雅也陪著我一起找路、一起迷路、一起趕路，沿路倉促，感覺高山症都要發作了，雖然當下有些驚險，但也是一次特別的經驗，和這些團員同行就猶如與相識多年的老

友出遊般自在，這是在行前完全沒料想到的，也是首次參加團體旅遊最開心的收穫。

很多朋友羨慕我過著飛行人生，不過，多數的時間都是在工作中度過。偶爾遇到工作空檔的休假日，才能偷閒看看不同城市的風貌。一直以來習慣自己安排行程，即便是旅行，也是行前和過程中不停地動腦、耗體力。讓旅行社安排所有行程，並且全然地放下工作，專心享受旅行的樂趣，這還是頭一

遭。隨著年歲漸長，累積足夠的工作經驗後，對工作與生活的比重也開始慢慢調整。工作上越來越得心應手，也越來越願意放過自己，追求生活的品質。旅行，也不再只是急躁地想在有限的時間內，體驗不同文化。因為旅行天數不夠，來不及欣賞體驗的，就等待下個有緣的時機吧！

我想對工作狂的自己說：享受旅行中的每個當下，與享受工作一樣的重要。

一期一會，彌足珍貴

表定是十四日行程，若扣掉時差與搭機，其實只有十天左右可以玩耍。日子過半之後，一股不捨之情便油然而生，還有好多想要細細品味的地方啊！雖然必須輾轉換機、花費好多時間才能抵達秘魯；雖然對臺灣人而言這並不是熱門的旅遊景點，但如果下次有機會，我還是會選擇舊地重遊。

回想起抵達秘魯的第一天，我們首先拜訪了一座私人博物館。看見博物館中有許多別緻的圖騰、聽聞許多有趣的故事。而後面兩週的行程中，那些在博物館看到的圖騰、聽見的故事也跳出了玻璃展示櫃，一路伴隨在我們左右。

如果還有機會，我想走訪那些這次還沒有細看的博物館，更深刻地理解印加文化。

我想背起大包，走進安地斯山脈。循著古代人的步伐，踏上印加古道，從古道走進馬丘比丘。

我想把腳踏進海裡，身體泡進海裡。試試南太平洋的水溫，體驗站在南太平洋的浪上，探索南太平洋的海底世界。

我想走進亞馬遜河的原始叢林，感受這次還沒有機會看到的另一面向的秘魯。

毛怪的夢想清單

探索秘魯的古今風光

Davis Su

一九五〇年出生，熱愛旅遊，夢想看盡天下美景、嘗遍天下美食。

每天持續運動，如健走、游泳、打太極拳、重量訓練等，以維持適當體能、儲備旅遊的能量！

生性樂觀知足、喜好交友，更樂意和朋友分享生活及旅遊的經驗！

我居高臨下地俯瞰層層彩色波浪形線條的山頭，
就像調色盤上隨意暈染的色調、畫面，
令人感嘆造物者的神奇！

我因工作關係已走遍五十多個國家，也曾造訪埃及、伊朗、墨西哥阿茲特克及瓜地馬拉迪卡爾的馬雅古文明。但對於秘魯的印加古文明始終存著既遙遠又神祕的感覺。雖然常在旅遊雜誌及電視報導看到馬丘比丘及的的喀喀湖的圖片，但總不及身歷其境的震撼。

大約六年前曾與友人打算到馬丘比丘朝聖，卻因疫情及其他瑣事而一直耽擱。女兒也一直幫忙注意此方面的旅遊資訊，去年底在網路上找到「元本旅遊」推出的秘魯太陽祭行程，立即報名參加。

而考量此行程多半在高海拔地區活動，事前即積極做出發前的準備包括增加重訓的份量，備妥禦寒衣物、登山鞋、登山杖，以及相關的藥品等等。甚至先至合歡山住宿旅遊以適應高山地區的各種狀況。

我們一家三口懷著期待又忐忑的心情終於如期踏上秘魯這神祕國度的征程！

對於這趟旅程我最期待的景點就是天空之城——「馬丘比丘」，和美麗的高山湖泊——「的的喀喀湖」。

而攀登海拔五千兩百公尺的彩虹山則是生平身心與耐力的最大考驗，至於太陽祭則是體驗古老印加民族的傳統生活和宗教儀式！

沐浴在朝陽中的的的喀喀湖。

失落之城 馬丘比丘

在前往馬丘比丘之前，我們先在安地斯山山腳下，谷中幽靜的旅店住一晚，待養足精神後，一早直接前往約十分鐘腳程的火車站，搭乘窗戶透明的觀光列車，行經約一個半小時後再換乘接駁巴士到登山口。接駁巴士在顛簸的山路上逶迤而行，兩旁的深谷峭壁彷若太魯閣峽谷，而周遭的高聳群峰則展現安地斯山的雄偉大器，與臺灣的高山景觀大不相同。

登上觀景臺，眺望馬丘比丘這座失落的古印加帝國遺跡，巨石堆砌的宮殿、廟宇、住屋、墓園、梯田等雖已崩塌頹廢，仍可想像帝國興盛時的繁榮景象。走進這座毀棄的古山城，驚見其精密的砌石工藝水準與宏偉規模，即便是現代的建築技術亦很難達成。被列為世界七大奇景之一，可謂良有以也！

今天走進這片山城遺跡有如走進歷史，有些夢幻，但我實實在在地登上了馬丘比丘！

登上馬丘比丘眺望遠方。

的的喀喀湖中的浮島

走訪的的喀喀湖的當天，為了想捕捉湖面的日出美景而起了個大早。當金色的光芒緩緩灑向如鏡的湖面，幽靜唯美，眼前絕美的景象令我內心湧動起一股感動的暖流，幾乎不覺此時仍處在約攝氏四、五度的清晨低溫中。稍後更倚著湖面，邊看湖光山色邊悠閒的享用精緻早餐。

餐後包船走訪湖中小島，船在蘆葦中穿梭而行，不時見水鳥低飛伴行。不久即抵達以蘆葦搭建的小島，登島後由島上原住民為我們講解浮島的搭建過程，並說明島民的日常生活。原本只有在畫面上才能看到的美景，現在卻彷彿做夢似的，我們竟然能置身其中。

由於島嶼是浮動的，人走島上搖搖晃晃的並不平穩，稍不小心就會摔倒。島上的生活模式仍然十分原始，但島民對遊客們熱情依舊，也不忘推銷自己製作的手工紀念品。隨後轉搭蘆葦編製的小船在湖面穿行，並走訪湖區唯一的小學，由老師率領所有小學生列隊歡迎我們的到訪，我們也不忘準備一些文具和玩具送給這群孩子。看到孩子們天真又期待的眼神，小小的心意能帶給他們一些歡樂，令我們甚感欣慰！

平靜無波的湖面彷彿一面鏡子。

造物主的調色盤

大清早一路摸黑出門，歷經約三小時半的顛簸山路，來到四千公尺高的登山口，原以為事先預訂的馬匹早已備妥，可以輕鬆騎馬上山，不料現場只見十多輛小巴一字排開，有很多遊客已搶先一步，騎走所有的馬匹。為了爭取時間，大家決定放棄等待可用的閒置馬匹，立即徒步上山。

沿途無遮無擋、烈日當頭，雖身處高山，但一路走來仍覺燠熱。山坡上散見羊駝悠閒覓食，其間來去自如，而我們走起路來卻氣喘如牛、步步艱辛。走了大約一小時左右，只見離高處觀景臺尚有一段距離，剛好有無人騎乘的空馬，便換騎上山，以節省一些體力留待最後兩百公尺攻頂。

藍色的穹天襯著七彩山頭的景象，令人驚豔。

然而才剛騎上馬背不到五分鐘，馬伕卻要我立刻下馬，因為已到達下馬地點，剩下的路只能徒步改走階梯。其實在下馬地點就能瞧見五彩斑斕的山坡，甚至還能看到另一面白雪皚皚的山頭。

很多人在接近五千公尺高的位置時，

左：彩虹山頂布滿了白雪，待雪消融之後便能看見絢爛的色彩。
右：色彩斑斕的山坡令人嘖嘖稱奇！

已呼吸困難、臉色發黑，只能立即轉頭下山，以疏緩高山症的不適；而我則繼續踏上階梯緩步往上爬，不過僅僅走了幾步就得停下調整呼吸，大約半小時才終於如願登上五千兩百公尺的觀景臺，在視野最佳的角度觀賞彩虹山的曠世奇景！

居高臨下地俯瞰層層彩色波浪形線條的山頭，就像調色盤上隨意暈染的色調、畫面，令人感嘆造物者的神奇！

回程選擇騎馬下山，一來省點力氣、再則可輕鬆瀏覽兩旁連綿秀麗的山景。在下山途中遇到一位登山遊客，大概是因為高山症發作而倒臥路中，正等候救護車救援。畢竟高山旅遊還是有相當風險，即便事前做好了充足的準備，卻也難免發生意外。

一路祈禱這位山友能平安獲救，也慶幸我們全體團員都能平安順利下山。

雖然上下山的路途崎嶇，但能看見如此美景實在值回票價。

受萬人簇擁的驕陽

中午前往沙塞瓦曼軍事古堡參加太陽祭之前有段空檔，我和女兒前往舊城區太陽神殿遺址附近逛逛。雖然距離開場時間尚早，但神殿遺址四周已是人山人海，大家爭先搶後地占據有利觀賞的好位置。逛完商店街回程，發現神殿遺址周遭已擠滿了人群，完全走不過去，我們只好繞行神殿外圍，耗費近一小時才終於回到飯店，趕上全團出發時間。

當我們乘車抵達古堡主祭典現場，滿滿的人潮正等候進場。元本事先就精心安排我們在主祭壇正前方最近的座位區，正是觀賞祭典的最佳位置。

祭典正式開始，從古堡上方的山頭可以看見，各勇士隊伍自四面八方徐徐進入廣場；隨後是皇帝和王后乘坐黃金轎，在持劍荷戟的護衛簇擁下緩緩進場。皇帝和王后在古典的印加音樂聲中繞場一圈，檢視臣民並接受民眾的歡呼後便登上寶座，最隆重的太陽祭典於焉展開。在祭司的協助下，皇帝順利地完成對太陽神的禱告及獻祭，而印加臣民分別表演各種傳統舞蹈，用以慶祝祭典大功告成。場面壯觀盛大，重現印加帝國當年的繁榮景象！

這場祭典盛況空前，號稱動員千人上場表演，現場觀眾座無虛席，再加上外圍聚集的本地居民，估計達數萬人。看起來與臺灣中部在媽祖繞境時的進香人潮，以及原住民豐年祭歌舞表演的形式，皆有著異曲同工之妙。

聲勢浩大的太陽祭典！

生機蓬勃的海岸風光

當陸續走完馬丘比丘、彩虹山和的的喀喀湖這些著名景點，並參觀過庫斯科古堡的太陽祭典後，最難熬的高海拔地區行程便全部結束了。從普諾飛回平地的利馬濱海地區後，不再有高山症的困擾，這讓大家的心情都放鬆了不少。

次日清晨，車子行經泛美公路往南行，到利馬南方約兩百多公里的小機場，並轉搭小飛機從空中鳥瞰有「世界最大謎團」之稱的納斯卡大地畫。這些謎一般的地畫和線條，其構圖方式、繪圖技巧和目的迄今仍真相未明。我們因人數眾多，須分兩梯次搭乘小飛機，搭乘第二梯次的人在等待期間，被安排至臨近的小漁港參訪，在海岸邊近距離觀看成群燕鷗及鵜鶘的搶食畫面，以及許多海獅在岸邊不遠處戲水玩耍的景象。可惜由於太太和女兒都會暈機，擔憂搭乘小飛機會被晃得不舒服，只好放棄搭乘；我們選擇在餐廳喝咖啡，享受悠閒的午後時光。空中行程結束後，大伙們便到附近的海鮮餐廳享用螃蟹大餐。

熱鬧的海岸生態。

一代主廚大顯身手

當晚入住濱海的高級度假酒店，傍晚時刻漫步幽雅的游泳池畔步道，欣賞海邊的夕陽，心情完全放鬆，一掃多日旅途跋涉的辛勞。

在用晚餐之前，元本還特別安排製作秘魯國菜「檸檬醃魚生」的廚藝體驗課程。大家穿上元本特製的圍裙、戴上廚師高帽，在飯店主廚的解說下，煞有其事地進行料理。當料理完成後，主廚還很認真地逐一試吃、講評，評分範圍包括味道及擺盤等。從未進過廚房的我，居然獲得主廚的好評，除擺盤稍欠完整外，料理口感甚佳，主廚給了我九分的高分（滿分十分），甚至贏過天天下廚的老婆，被虧回台後要在家改當主廚啦！

「檸檬醃生魚」的廚藝體驗課程，原來我也有當主廚的潛力！

旅途尾聲，雖留遺憾，但仍珍貴

最後一天，我們從飯店旁的碼頭搭乘快艇，前往帕拉卡斯保護區（Reserva nacional de Paracas）內的鳥島，觀賞各種海鳥及海獅，此地距離海岸約十一公里。

因非繁殖季節，看到的海獅並不多。然而搭快艇在海上飆馳，迎著鹹鹹的海風破浪前行，大家還是精神抖擻、興致高昂。畢竟從數千公尺的高山轉向無際的大海，心情轉換也是很新鮮的體驗！

上岸後隨即轉往遼闊的沙漠，乘坐越野車在細沙堆積高低起伏的無盡沙丘中狂飆，忽而衝天而上，忽而快速俯衝而下，大家狂呼亂吼，緊張又刺激！

造型俏皮的快艇。

搭乘越野車奔馳於滾滾黃沙之間。

越野車在沙丘高處停下來，讓大家扶著滑板高速俯衝而下，享受狂速滑沙的快感。然而女兒怕我與太太兩個上了年紀的人，會不小心發生意外、受傷，堅持不讓我倆參與活動，只能作壁上觀，內心不免稍有遺憾。

整趟秘魯行程以滑沙活動收尾，所有人回到利馬，準備次日搭飛機回臺灣。

這次的旅途，從高山到海上再前進沙漠，不只體驗了古文明的洗禮，也在濱海沙漠中享受了現代的休閒生活。從住宿和餐飲的安排能看出「元本旅遊」的細膩和貼心；而領隊 Eric 和 Ema 的服務就如同家人般親切，讓我們深感窩心，也因此留下甜美珍貴的回憶！

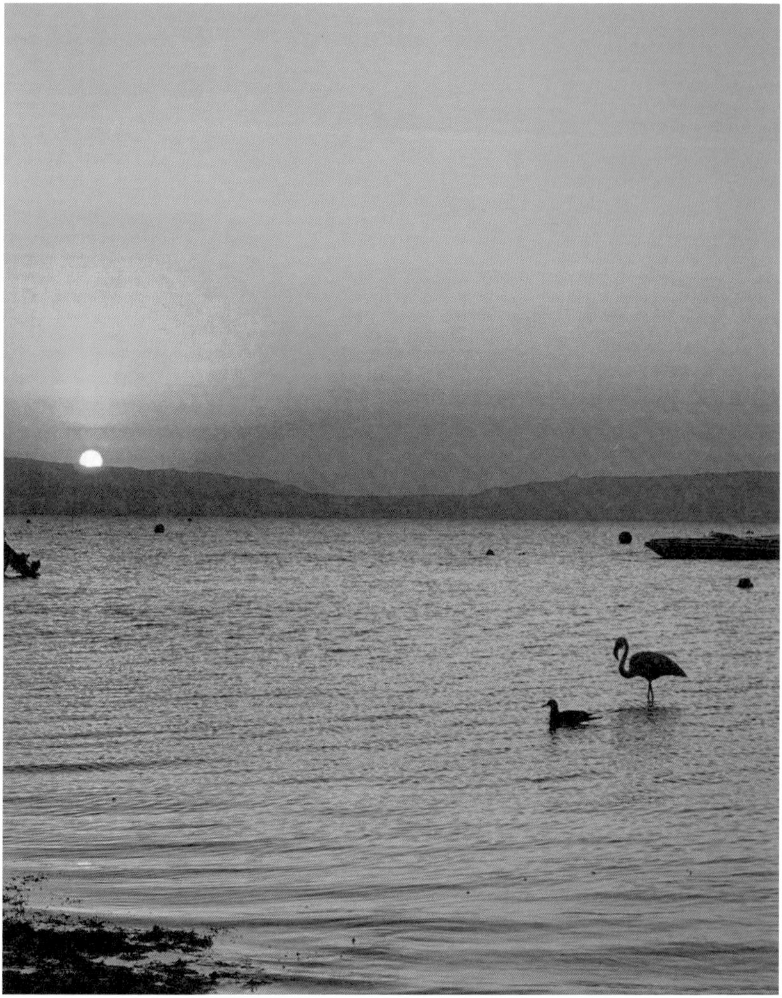

落日餘暉映照在水面上，熠熠生輝，猶如我對這趟旅程既滿足又不捨的心情。

Davis Su 的夢想清單

擁抱豔陽，追尋夢想

林惠予

六十歲，自戲為「客家敗家女」，一個虔誠的「吸引力法則」信仰者，擁有美滿家庭，育有一女一男，持續學習新技能是我生命的動力。

三十餘年電子產業職涯，六年前因緣際會轉換領域到傳產公司，目前尚學以致用地擔任外銷業務職務。甫進空巢期之際，即承擔雙親的照護任務……生活中總是不斷地有許多的課題。

遵循聖嚴法師箴言：面對它、接受它、處理它、放下它……這就是我的日常！

世界上還有無限的驚喜正等待我去探索，
更多的知識等待我去學習，
更多美好在等著我去創造。
我要常保一顆堅定追尋夢想的決心，
不放棄對知識和美麗的追求。

秘魯之旅是我一直夢寐以求的旅行目的地，是我人生旅行清單的終極目標。我要親眼見證世界七大奇蹟之一的馬丘比丘，被稱為天空之城的遺址；我要親眼看看那些巧妙的建築，感受印加文明的神祕和偉大；我要參加太陽祭，渴望親身體驗那些神祕的儀式，親耳聽聽那些傳奇的故事；我要飛越納斯卡線，探索這些巨大的地畫背後的故事和意義；我要走訪印加古城庫斯科，欣賞它的建築和藝術；我要登上彩虹山，為它的色彩和景觀驚嘆；我要乘船遊覽的的喀喀湖，體驗高山淡水的魅力；我要登上蘆葦島，感染居民的純真笑容……我要在旅行中，滿足我對蒼穹的好奇心和冒險渴望、拓展我的視野和心靈。

來自上帝的禮物

二〇二三年八月邁入我的耳順之年，我將這趟旅程送給自己，作為一甲子的美好禮獻，也是我對自己人生的一種肯定。我希望能夠在這趟旅途中，學習更多關於秘魯的歷史、文化、風俗、美食等等，也想要與旅行團的其他成員交流、分享，建立友誼和回憶。最重要的是，希望能夠在這個行程中，找到自己的快樂和平靜。

然而美好的憧憬總是好事多磨，得之不易……因秘魯政變，原本旅遊以安全為第一考量，連續兩次更改、延後了既定的旅行計畫。在首次被通知行程取消後的兩天，母親因病住進加護病房，而我也時時刻刻掛記著母親的身體狀況，因此每次行程的延期，其實都讓我如釋

波折的秘魯之旅

二〇二二年十月，我與先生兩人報名參加了元本旅遊首發的「秘魯單國十三日行程」；二〇二二年十二月卻收到業務通知秘魯紅色警戒，無法出團……當下即接受延期至隔年三月的行程。二〇二三年二月，元本旅遊評估秘魯狀況仍不穩定，以安全為優先考量提前決定取消三月的出行計畫，希望客人轉走阿根廷十三日行程，然而秘魯之旅是我的人生旅行清單的終極目標，我絕對不會妥協！於是立刻爭取合約轉為六月的「秘魯太陽祭十四日」行程，當時這團可報名人數僅剩一個名額……與元本再三確認無法增加機位，幸而我先生覺得秘魯旅遊行程再三受阻，應該是老天暗示「不宜前往」的訊息，所以他決定取消；領到「旨意」，我立即將最後一個名額拿下。對我來說這可是老天許給我的恩允之旅啊！

重負。二〇二三前半年，母親不斷地進出醫院急診室……若秘魯之旅如期成行，我亦憂慮，旅程的告別是否便成為永別！

年邁的父母，需要子女陪伴和照料，我盡力做一個孝順負責的孩子，以回報他們對我的培育和支持；只是，我仍然懷抱著想要實現夢想的希望，堅信老天會給我最好的安排。出發前往秘魯前，我去探視母親，她微笑地與我約定，答應會好好等著我兩週後回台。感謝母親成全我圓滿心中的夢想，也相信我的父母會為我的勇氣和決心感到驕傲。

參加「秘魯太陽祭十四日」行程，其實是我近年來為自己做的一件最大膽的舉動。行前以為只是一次放鬆和享受的假期，後來領悟到，這更是一次挑戰和成長的旅程。近年來，我的生活中充滿了壓力和責任——不僅要照護我的父母，也要陪伴已邁入退休生涯的先生，以及兩個成年的孩子；同時還要努力工作，以保持我的專業和競爭力。儘管日子充滿挑戰，我總是將其視為人生中不可或缺的課題。我不知道這次旅行會帶來什麼驚喜和挑戰，但我知道這是人生中一個重要的里程碑。我想要用我的眼睛去看看這個世界，用我的心再去感受這個世界，用我的生命去體驗這個世界，用夢想去實現我的世界。

深知這些美麗的地方都有一個共同的挑戰，就是高海拔。在秘魯高地的行程，空氣稀薄、氧氣不足，人體會產生各種不適，如頭痛、噁心、呼吸困難、失眠等高原反應，這是一項無法預測、無法避免、無法忽視的試煉。嚴重時若未及時治療，可能會危及生命。因此，此趟秘魯旅行出發前，我到居家附近的家醫科，帶上了高山症的藥物丹木斯（Diamox）。信任元本旅遊的最佳行程安排，選擇了從低海拔玩到高海拔的路線，讓身體有適當的調適時間。

我的母親

二〇二二年底，母親首次因吸入性肺炎送加護病房插管急救，歷經一週後才終於得轉普通病房，為此我請假照護，從頭學習鼻胃管灌食、翻身、拍痰……中度失智的母親像個嬰兒般，說我是她的媽媽……儘管這狀況令我啞口無言，但在那當下心中充滿感恩，感謝老天能讓我能重新擁抱她纖細的肢體。

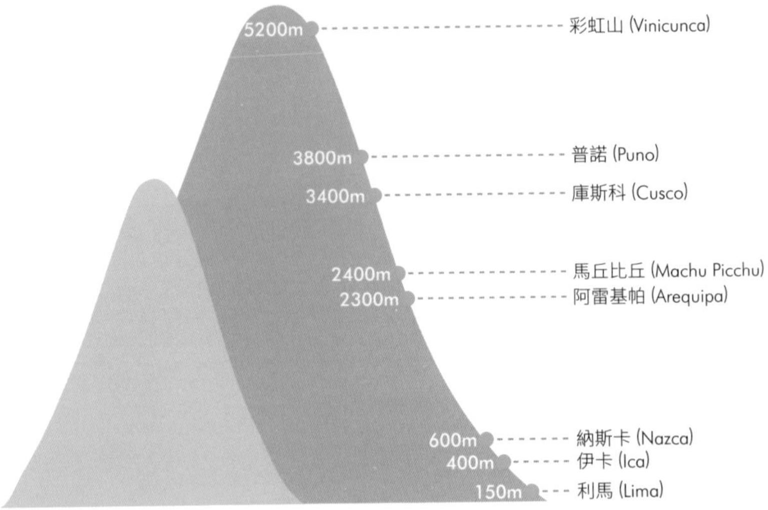

除此之外，期間的日常也要注意飲食休息的原則，要多喝水、少吃油膩和辛辣的食物、避免喝酒。另外，也要多休息、少劇烈運動、保持良好的心情。或許有機會我會嚼食古柯葉或喝古柯茶來減輕高原反應的症狀。

秘魯之旅，雖有高山的苦，但也有高山的樂。只要做好妥善準備，相信我就能盡情欣賞這個國家的美麗與奇妙。

於是，在六月十八日那天，我帶著行李、護照、藥物、相機和親友們的祝福，踏上了秘魯之旅。

這趟秘魯的旅行，是一次難忘的經歷。我看見了夢寐以求的景色，感受到我不曾想像的文化，聽聞了令我記憶深刻的故事。旅途中，我也遇過一些困難和挑戰，但同時也收穫許多驚喜和樂趣。而現在，我想把這些珍貴的經歷與大家分享。

秘魯巡禮

利馬是秘魯的首都，是一個現代化的城市，有著各種建築、交通、商業和娛樂。我們參觀了聖方濟各教堂（Basílica y Convento de San Francisco de Lima），欣賞了巴洛克式的裝飾和地下的骨頭迷宮；另外還參觀了博物館，學習秘魯的歷史和文化，也看到許多印加和前印加時期的遺物。我們還品嘗了秘魯的美食，如魚生、烤肉、玉米和土豆等。我覺得利馬是一個充滿活力又豐富多元的城市，讓我初親秘魯芳澤便留下美好的印象。

LIMA
MUNICIPALIDAD DE LIMA

庫斯科曾經是印加帝國的首都，有許多印加和西班牙殖民時期所留下來的建築，如庫斯科主教座堂（Catedral Basílica de la Virgen de la Asunción），它展現了不同時代和文化的風格和特色，也見證歷史的變遷和衝突。庫斯科是一個充滿人文和藝術的地方，也因此勾起我對秘魯歷史的興趣。

MERCADO
ARTESANAL
PISAC

搭乘觀光火車，透過寬闊車窗，經過村落，山谷，溪流……抵達熱水鎮後，徒步踩著一階階石板梯，伴著調息的深沉呼吸，來到我的夢想之地——建立於十五世紀山頂上的印加遺址，被稱為「天空之城」或「失落之城」的馬丘比丘。當太陽神廟、聖石、水道系統等精巧的建築和工程映入眼簾，一切竟是如此順理成章，這座古城彷彿正在等待我的歸來。我在馬丘比丘感受到了一種特殊的肅穆氛圍，和一股難以言喻的靈氣，更覺得馬丘比丘是個充滿奇蹟與神話的地方。

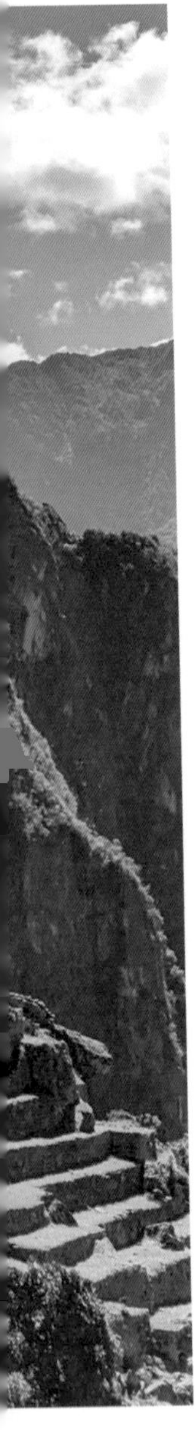

彩虹山位於海拔四千至五千公尺處，山頭有著像彩虹一樣的色彩，在陽光下閃爍著光芒。這些色彩是由不同層次的礦物質所形成的自然現象，非常罕見；山頭上的顏色十分美麗，我驚嘆於大自然的力量，內心不禁興起一股驚喜之情，同時也混雜了對於攀登彩虹山的緊張。

要進入這個彩虹的童話世界，必須先走過一段又長又陡峭的山路，才能到達彩虹山頂端。這段路途上，必須不斷面對頭痛、噁心、呼吸困難等高原反應症狀的艱難考驗。但當我終於抵達彩虹山的頂端時，瞬間覺得一切都值得了；我看見一片彩色的山峰，在陽光的照映下閃爍著光芒。我覺得自己像

是站在一道彩虹的上面，我感受這種奇妙的美感，敞開雙臂，欣喜地擁抱這道彩虹。

的的喀喀湖是世界上最高且可航行的淡水湖，也是印加文明的發源地之一。我們在這裡乘坐五彩繽紛的蘆葦龍舟，參觀由古老烏魯族的後裔延襲先民智慧所打造而成的人工蘆葦島嶼，沉浸在島民純樸樂天的笑容中，身心靈都受到了洗滌。

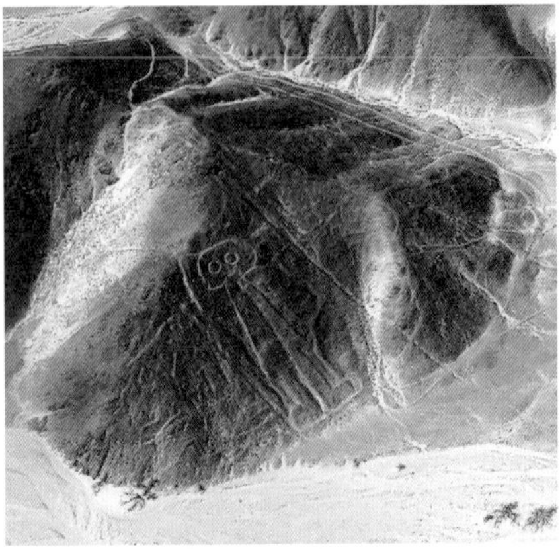

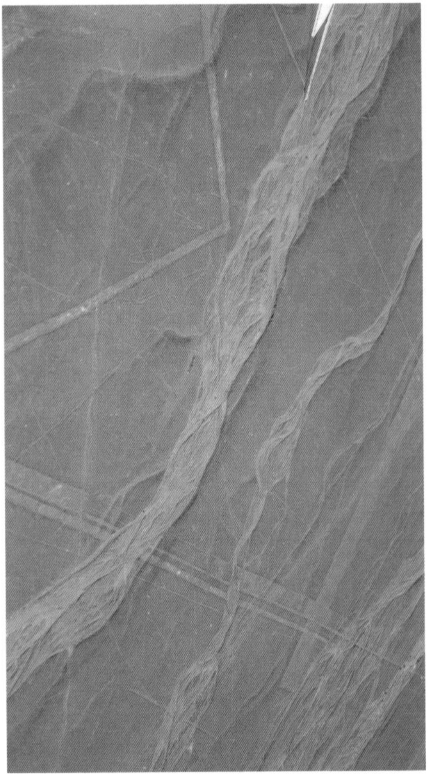

納斯卡線是由古代人在沙漠上刻畫出來的圖案，有太空人、蜂鳥、猴子、花、蜘蛛、鯨魚、壁虎、花、螺旋，以及三角等幾何圖形……我們搭乘十二人座的小飛機，經過半小時飛行，在盤旋的飛機中由上而下欣賞這些神祕又充滿謎團的藝術創作。

太陽神的恩賜

我一直對古文明很感興趣，尤其是那些與太陽神有關的部分。我覺得太陽神是一個既神祕又偉大的神祇。祂是生命和光明的源泉；祂是萬物和秩序的創造者；祂是王權和正義的象徵。我想知道不同的古文明是如何看待太陽神、又是如何表達他們對太陽神的崇拜；我想知道他們是如何通過節日和儀式來傳達對太陽神的敬畏與感激；我想知道他們是如何通過建築和藝術，來展現對太陽神的理解和想像。這趟旅程的重頭戲，就是參觀在庫斯科太陽神殿遺址所舉行的印加太陽祭。這個一年一度的傳統節日，是為了紀念印加人的祖先和太陽神，同時也感謝太陽神的恩賜和保佑。太陽祭將會有精彩的儀式和表演，吸引了許多遊客和當地人前來觀看。

在這個特別的日子裡，我能親眼見證一個古老而神聖的節日，真是一種幸運。在等待儀式開始的時候，我看見許多身著印加服飾的人們，其中一些扮演著印加皇帝和貴族的角色，另一些化身成印加祭司和戰士，還有一些則扮演著印加時代的農民和工匠。他們身姿莊嚴，舉止優雅，仿佛穿越回了古老的印加時光。

隨著儀式的開始，首先是印加皇帝和貴族的入場。他們端坐在一個金色的轎子上，由八名戰士抬著走過人群。皇帝和貴族們穿著華美的服飾、頭戴羽毛飾品、手持金色權杖。他們面帶微笑，向四周的人群揮手致意。人群中也響起回應

聲，用印加語高喊「你好」作為問候。

我目睹這一幕，不禁產生敬佩之情，心生羨慕之意。我不禁想起了歷史書中曾經讀到的印加帝國故事。這個帝國是南美洲最輝煌、最強大的文明之一，曾統治著廣袤的土地和眾多的民族，擁有卓越的科技和文化，同時也建立了嚴謹的階級制度。我回想起印加皇帝是如何被視為太陽神的化身和代表，擁有至高無上的權力和尊嚴，同時也肩負著巨大的責任和使命。印加貴族被視為太陽神的後裔與菁英，享受著豐富的財富、特權，卻也須遵循嚴格的規範和紀律。這一切讓我想起了「因卡」這個稱號，意為「太陽之子」。

這些因卡備受人民敬仰和崇拜，他們引領著眾人，也因太陽神的庇佑和祝福而受到崇高的榮耀。這個令人感動的儀式讓我更加深刻地了解印加文化的精髓，也為我帶來了難以磨滅的回憶。

隨後，印加祭司和戰士登場。他們護衛在皇帝和貴族的身後，身穿紅色或黑色的服飾，頭戴動物皮或頭盔，手持弓箭、長矛；他們嚴肅的表情和整齊的步伐，展現出印加人的勇氣和力量。

最後，印加農民和工匠亮相。他們走在最後，緊隨皇帝和貴族；身著多彩的衣服，頭戴毛帽或花環，手持農具或工具，他們歡快的表情和悅耳響亮的歌聲，展現

西班牙的殖民

在這個特殊的時刻，我得以親歷了一個古老而神祕的節日；然而，卻也不能忽略印加帝國的另一面。這個偉大的帝國曾被西班牙人所征服並摧毀，印加人迫於壓力，不得不放棄他們原有的習俗和文化，並接受西班牙人的信仰；他們被剝奪財富和自由，成為了西班牙人的奴隸以及殖民的對象；他們經歷了殘酷的屠殺和迫害，幾乎瀕臨滅絕；他們的尊嚴被踐踏，被他國人民忽視和遺忘；太陽神的庇護和祝福似乎也離他們而去。

出印加人的熱情和創造力。

所有人齊聚在太陽神殿遺址的中心，這裡擺放著一個巨大的篝火。這是整個儀式的重頭戲，也是最引人入勝的部分。印加祭司們圍繞著篝火，展開一系列祈禱和獻祭的儀式；他們用印加語歌頌太陽神，以珍貴的銀器和玉石等物品作為禮物，獻給太陽神；用神聖的酒和可可葉等飲料向太陽神獻上祝福；將羊和鳥等動物的生命獻祭給太陽神。他們的動作和語言充滿虔誠與敬畏，散發出一種神聖的氛圍。

儀式結束時，人群中爆發出熱烈的掌聲和歡呼聲。我也不禁鼓掌歡呼，感謝太陽神給予我如此美好的一天。

這次參與秘魯太陽祭的經驗，使我聯想到曾在埃及參與過的阿布辛貝神殿（Abu Simbel）太陽節。這是一年兩次的特殊節日，旨在紀念古埃及法老拉美西斯二世

太陽神的祝福

回想起二〇二〇年的二月，當時正值新冠疫情初期，我有幸隨著旅行團前往埃及。二月二十二日，我參加了阿布辛貝神殿太陽節的正式活動。那天凌晨三點多，我們便與旅行團以及裝甲部隊一同啟程，前往阿布辛貝神殿。當地已經聚集了許多人，除了遊客之外也有許多當地居民，他們正在等待太陽的出現。我找到了一個好位置，並靜候奇蹟發生。我瞥見阿布辛貝神殿入口處，四座巨大的法老雕像屹立在那裡，其中三座為法老拉美西斯二世的本尊，另一座則是他的妻子妮菲塔莉（Nefertari）。這些雕像莊嚴，彷彿真實存在。

終於，太陽冉冉升起，它的光芒逐漸照射到阿布辛貝神殿的入口。我目睹了一個非凡的景象，太陽的光芒剛好照在第二座法老雕像的面部，使其更加莊重和神聖。這座雕像便是法老拉美西斯二世本人，他是古埃及最偉大的法老之一，阿布辛貝神殿也是由他下令建造的。此情此景是如此神奇，讓我對埃及心生敬畏之情。

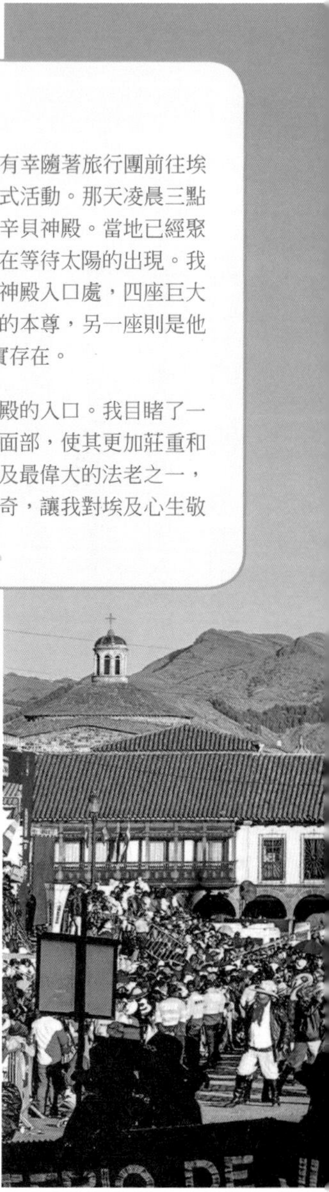

（Ramesses II）與太陽神阿蒙（Amon）拉（Ra）之間的聯繫，同時也是為了感謝太陽神阿蒙拉的恩賜和保佑。這個節日有一個奇妙的現象，即在當天的早晨和傍晚，太陽正好照射到阿布辛貝神殿內最深處的法老雕像上，彷佛是太陽神阿蒙拉在向法老拉美西斯二世致敬、賜福。

比較這兩個節慶之後，我發現了它們存在著一些相似和相異的地方。相似之處在於，它們都在固定的節氣，向太陽神表達敬意和感激。兩者都利用了太陽的位置和角度，創造出令人驚嘆的效果，展現了古代文明的輝煌和魅力。然而，它們也有一些不同的地方。印加太陽祭是熱鬧而生動的慶典，吸引著眾多人的參與和觀賞，充滿著歌舞和祈禱的氛圍；而阿布辛貝神殿太陽節則是一場寧靜而神聖的奇觀，只有少數人得以親歷，靜默和欽佩之情交織。

值得一提的是，這兩個慶典所崇拜的太陽神並不相同。埃及人崇拜的是阿蒙（Amon）和拉（Ra），而印加人崇拜的是印提（Inti）。而這兩個慶典所要傳達的意義也南轅北轍：埃及人表達的是王權與宗教的融合，而印加人則展現了社會與文化的凝聚力。同時，它們所映照的文明也不盡相同：埃及人的文明映照著古老而永恆的魅力，而印加人的文明則反映了重生和變革。

這些相似與不同之處，也反映了太陽神在這兩個古代文明中的不同意義。對於印加人來說，太陽神是他們的祖先和守護者，是他們生活的核心和依靠，因此他們用歡樂和感激來表達對太陽神的崇敬；而對於埃及人來說，太陽神是他們的君主和法官，象徵著權力和來源，所以他們用莊嚴和崇拜來表達對太陽神的敬畏。

在參加過這兩個慶典後，我感受到不同文明對太陽神的不同理解和想像。而這兩個節日也對我產生了深遠的影響，使我能更懂得尊重、欣賞不同的文化和信仰。每種文化和信仰都有其獨特的美麗和智慧，都值得我們去了解和學習；它們都有其獨特的意義和價值，可以帶給我們所需的慰藉與幫助。

旅行中的養分

經過這趟充實的秘魯之旅，我深切感受到了文化的碰撞和交融。在這片土地上，時間彷彿是一條寧靜的河流，徐徐流淌，人們總是帶著純真的笑容，悠然自得地前行。或許這源於秘魯的自然環境，也可能因為像安地斯山脈這樣的地區，由於交通不便，所以迫使人們學會接受當下的一切。而在臺灣，時間如同一把鋒利的刀刃，不斷切割每分每秒，人們習慣準時，或甚至提前到達約定的地點。這或許是臺灣社會的需求所致，並且一直處於高速發展和競爭之中，以至於人們必須快速高效地完成工作和學業、實現人生目標。

另一個不同的文化感受則是——在秘魯，人與人之間更親近、更自由，他們用親吻和擁抱來表達歡迎和道別。這種親暱可能源於秘魯的多元民族背景，這片土地匯聚了來自不同國家的移民和後代，他們帶來了各自獨特的文化風格和生活方式。而在臺灣，人們更注重謹慎和客氣，表達尊重和感謝的常見方式只有握手和點頭。這或許是受到儒家文化的影響，才會如此著重禮貌和適當的社交距離。

我所觀察到的秘魯，是一個充滿對比和變化的社會。這個國家擁有豐富多彩的文化，同時也面臨著嚴峻而複雜的問題。它承載著悠久壯觀的歷史，同樣擁有現代生活的活力。秘魯的自然景色美麗多樣，但也在面臨遭受污染和環境破壞的挑戰。

實際走訪秘魯，發現它與我原本所想像的有所不同。以前我對秘魯的了解有限，僅限於書本和媒體呈現的片段和刻板印象。例如，我曾認為秘魯是一個貧困落後的國家，但實際體驗後，我發現秘魯在教育、科技和旅遊等領域取得了許多進步和發展；我起初也以為秘魯是個封閉保守的國家，然而我發現它在民族、語言、飲食和音樂等方面都極為多元開放。

秘魯，這片土地充滿了豐富多彩的文化，吸納了不同民族和語言的特色，交織出多元的宗教和信仰。我在這裡目睹了印加人古老的傳統和神祕的遺跡，也感受到了西班牙殖民遺留下的痕跡，以及歐洲風格的影響。中國和日本移民的歷史與美食貢獻，非洲人的音樂和舞蹈，皆在這片土地上找到了根基。秘魯人對於自然和祖先的敬仰，同樣也在他們對現代發展的熱忱中表露無遺。

然而，秘魯也面臨著嚴峻而複雜的問題。貧富差距、政治不穩、社會暴力以及環境污染等。我看見了城市的繁華和富裕，也見識到農村的貧困和落後；我看到了人民的的熱情和友善，也見證了他們對不公不義的抗爭與不滿；我挖掘了大自然的美麗和多樣，也發現了自然的破壞和危機。

JOYERIA
KENZO

秘魯之旅讓我見識到人類的智慧和創造力，同時也喚起了我對於人類渺小和謙卑的思考。這次旅途啟發了我對歷史更深層的好奇和尊敬之情，也讓我對自己有了更多的反思和期許。我對自己說：

妳真的很幸運，找到了一個新的夢想，一個能夠豐富靈魂、打動心靈的夢想。

世界上還有無限的驚喜正等待我去探索，更多的知識等待我去學習，更多美好在等著我去創造。我要常保一顆堅定追尋夢想的決心，不放棄對知識和美麗的追求；也要深信，上天將為我安排最好的一切；更要相信，我有能力讓自己變得更出色，成為一個更有智慧、更充滿愛心、更寧靜的自己！

林惠子的夢想清單

FOOTDISC
富足康科技足墊
2024年12月31日前
至官網輸入折扣碼
A0006
下單現折
600元
科技足墊 為旅行加分
減壓輕鬆遊
健康大步走
平衡・穩定・支撐
Developed and engineered exclusively in Germany
德國科技 足下智慧
富足康科技足墊
全台百貨專櫃及直營門市
洽詢專線0800-588-563
FB
官網

im8
時 尚 品 味 · 行 銷 世 界
PRODUCT CATEGORIES
Gown
Dress
Top
Skirt
Suit
Coat
Man
Kid
Bag
Shoes
LINE
FB
官網
依果國際
www.im8.asia
+8862-8780-6898

我的夢想清單01　PE0210

追夢到秘魯

探索失落文明 尋覓古都風華

作　　者　安啦媽、Nuna、毛怪、Davis Su、林惠予
責任編輯　劉芮瑜、邱意珺
圖文排版　莊皓云
封面設計　王嵩賀

出版策劃　元本旅行社
主題策劃　元本旅行社
出版發行　釀出版（秀威資訊科技股份有限公司）
114 台北市內湖區瑞光路76巷65號1樓
電話：+886-2-2796-3638　傳真：+886-2-2796-1377
服務信箱：service@showwe.com.tw
http://www.showwe.com.tw
郵政劃撥　19563868　戶名：秀威資訊科技股份有限公司
展售門市　國家書店【松江門市】
104 台北市中山區松江路209號1樓
電話：+886-2-2518-0207　傳真：+886-2-2518-0778
網路訂購　秀威網路書店：https://store.showwe.tw
國家網路書店：https://www.govbooks.com.tw
法律顧問　毛國樑　律師
總 經 銷　聯合發行股份有限公司
231新北市新店區寶橋路235巷6弄6號4F
電話：+886-2-2917-8022　傳真：+886-2-2915-6275

出版日期　2023年11月　BOD一版
定　　價　450元

Printed in Taiwan

讀者回函卡

國家圖書館出版品預行編目

追夢到秘魯：探索失落文明 尋覓古都風華 / 安啦媽, Nuna, 毛怪, Davis Su, 林惠予合著. -- 一版. -- 臺北市：釀出版, 2023.11
面； 公分. -- (我的夢想清單；1)
BOD版
ISBN 978-986-445-873-8(平裝)

1. CST: 遊記 2. CST: 秘魯

758.29 112016910